Cordula und Ottmar Leidner

Ein hörendes Herz

Jeden Tag Gottes Spuren finden

Ignatianische Impulse
Herausgegeben von Stefan Kiechle SJ, Willi Lambert SJ
und Martin Müller SJ
Band 57

Ignatianische Impulse gründen in der Spiritualität des Ignatius von Loyola. Diese wird heute von vielen Menschen neu entdeckt.

Ignatianische Impulse greifen aktuelle und existentielle Fragen wie auch umstrittene Themen auf. Weltoffen und konkret, lebensnah und nach vorne gerichtet, gut lesbar und persönlich anregend sprechen sie suchende Menschen an und helfen ihnen, das alltägliche Leben spirituell zu deuten und zu gestalten.

Ignatianische Impulse werden begleitet durch den Jesuitenorden, der von Ignatius gegründet wurde. Ihre Themen orientieren sich an dem, was Jesuiten heute als ihre Leitlinien gewählt haben: Christlicher Glaube – soziale Gerechtigkeit – interreligiöser Dialog – moderne Kultur.

Cordula und Ottmar Leidner

Ein hörendes Herz

Jeden Tag Gottes Spuren finden

echter

Bibliografische Information der Deutschen Nationalbibliothek

Die Deutsche Nationalbibliothek verzeichnet diese Publikation in der Deutschen Nationalbibliografie; detaillierte bibliografische Daten sind im Internet über <http://dnb.d-nb.de> abrufbar.

www.echter-verlag.de
Umschlag: Peter Hellmund
Druck und Bindung: CPI – Clausen & Bosse, Leck
ISBN
978-3-03551-8 (Print)
978-3-04668-2 (PDF)
978-3-06077-0 (ePub)

Inhalt

Lieber Gott,

bis jetzt geht's mir gut heute!

Ich habe noch nicht getratscht,
nicht die Beherrschung verloren,
war noch nicht muffelig, gehässig,
egoistisch und zügellos.
Ich hab noch nicht gejammert,
geklagt, geflucht oder Schokolade gegessen.
Die Kredit-Karte
hab ich auch noch nicht belastet.

Aber
in etwa einer Minute
werde ich aus dem Bett klettern
und dann
brauche ich wirklich deine Hilfe. …

(unbekannt)

Vorwort

Wir möchten zu Beginn bekennen: Die Erarbeitung dieses Bändchens wurde zwei Leuten anvertraut, die mit dem »Tagesrückblick« oder wie man ihn nennen mag, immer noch gewisse Schwierigkeiten haben. Trotz jahrzehntelanger Versuche haben wir beide nie das Gefühl entwickelt, ihn »richtig zu machen«. Irgendwann haben wir angefangen, das zu akzeptieren: Hier geht es um etwas ziemlich Intimes, etwas Außerordentliches an Beziehung. Und Beziehungsdinge sind halt nicht einfach. Entsprechend war die »Schwangerschaft« damit von Widerständen reich gesegnet. Viele Monate überwog das Gefühl, es handle sich um heiligen Boden, der einfach nicht zwischen zwei Buchdeckel passen will. Am Ende siegte die Einsicht, dass im Fragmentarischen und Widersprüchlichen selbst Wahrheit liegen mag.

Die Beiträge dieses Bändchens verdanken wir fast ausnahmslos lebenden Menschen am Anfang des 21. Jahrhunderts, von der Hausfrau bis zum Bischof, vom kranken Ruheständler bis zur tatendurstigen Studentin. Sie exponieren sich und geben ein Stück ihrer authentischen Lebenswirklichkeit, ihrer Haltungen, manchmal auch ihrer Poesie preis. Dafür möchten wir besonders danken, denn ohne diese Bereitschaft wäre das Projekt sinnlos gewesen.

Einige der Seiten sind fast leer. Wir haben diesen Beiträgen bewusst ihre schmerzhafte Wortlosigkeit gelassen, denn sie erscheinen uns außerordentlich wichtig. Wer geistlich begleitet, hört von solchen Gebeten nicht so selten. Vielleicht sind sie sogar als Tagesrückblick häufiger als die in ganzen Sätzen und in der empfohlenen Schrittfolge. Sie sollen in dieser Sammlung die unbedingte Ermutigung aussprechen, sich auch dann Gott anzuvertrauen, wenn Entsetzen oder Scham alles Reden einfriert. Viele Menschen haben erlebt, dass solche fast wortlosen Gebete in Versteinerung und Not trotzdem von größtem Wert sind. Vielleicht finden sie sogar häufigere und intensivere Erhörung als die in guten Tagen. Halbwegs geordnete Tage ohne große Sorgen und Kummer sind ein Geschenk, nach dem sich viele Menschen vergeblich sehnen. An solchen Tagen dürfen wir danken und loben und tanzen. Auch davon ist hier die Rede, auch das geben wir gerne weiter.

Im Frühjahr 2012 *Cordula und Ottmar Leidner*

Lebensgestaltung: Was den Menschen Mensch sein lässt

Es ist einigermaßen erstaunlich, dass ein Buch mit dem Titel »Du musst dein Leben ändern« Beachtung findet. Der Autor beschreibt darin, wie wir Menschen menschlich werden, und das setzt für ihn vor allem eines voraus: das Üben. Wer das sog. »Exerzitienbuch« des Ignatius von Loyola mit seiner geistlichen Übung des »Examens«, der »Gewissenserforschung«, kennt, der kann diese fromme Übung auf einmal in einem kulturphilosophischen Rahmen verstehen. Der Autor, Peter Sloterdijk, bezieht sich verständlicherweise gelegentlich auf Ignatius als einen Exponenten des Übens. Im Folgenden gehe ich von einigen persönlichen Erfahrungen aus und beschreibe dann die Namens-Geschichte der Lieblings-Übung des heiligen Ignatius. Besonders aber sollen dann die Grundlagen vorgestellt werden, auf denen diese Gebetsweise aufbaut. Damit verbindet sich auch eine gewisse Orientierung für die verschiedenen und vielfältigen Beiträge.

Gewissenserforschung

Wenn ich auf meine persönliche Geschichte mit dieser Gebetsweise schaue, steigen manche Erinnerungen hoch: das abendliche Gebet mit meiner Mutter, in dem wir auf den Tag schauten, um zu sehen, was den »kleinen Willi« alles bedrückt und froh gemacht hatte und, natürlich, was nicht gut war von ihm und wo er es am nächsten Tag besser machen wollte und sollte. Weiterhin: Die nicht selten angstbeladene, aber auch mit Erleichterung belohnte Beichte; erste Tagebuchversuche; im Noviziat der Jesuiten dann die tägliche Praxis der Gewissenserforschung – das sog. Examen – des Ignatius, für die mittags und abends eine eigene Zeit vorgesehen war. Für Ignatius ist das Examen die wichtigste Gebetszeit gewesen: Auch wenn alles wie etwa Messfeier, Breviergebet, Meditation ausfiele – den Blick auf das Wunder und Wachsen des Lebens und das Wirken des Gottes-Geistes und das eigene Mitwirken wollte er nie auslassen. Das wäre für ihn wie eine Einwilligung in Erblindung, Erlahmung und Lebensmüdigkeit gewesen.

Die Bedeutsamkeit liegt auch darin, dass diese Gebetsweise in etwa dem Weg der Exerzitien entspricht: eine Zeit stillen Innehaltens – d.h. sich die Zeit für Exerzitien nehmen; die Zeit, sich und sein Leben vor Gott zu bringen – dazu kann man das »Prinzip und Fundament« der Exerzitien heranziehen; das Geschehen von Umkehr, Versöhnung und Neuorientierung – dies entspricht der sog. ersten Woche der Exerzitien; die Suche nach vertiefter Lebensgestaltung aus der Beziehung zu Christus und der Wunsch, in Gottes Liebeswillen zu leben – dies spiegelt die Dynamik der Exerzitienetappen, die ausdrücklich der Nachfolge Christi gewidmet sind.

Liebend-aufmerksam leben

Mit der Zeit kamen Versuche auf, andere Namen für »Gewissenserforschung« zu finden und damit Akzente zu setzen für den Versuch, mit dem eigenen Leben vor sich und auf Gott hin da zu sein. Anstöße dazu gaben Wünsche, diese ur-ignatianische Gebetsweise tiefer zu verstehen: »Examen« war das Urwort im Sinne von

Paulus – »Prüft alles, das Gute behaltet«. Die Tradition hat dieses Wort übernommen; alltäglich-nüchtern spricht man von Tagesrückblick; mit Blick auf die Medien formuliert: sich für eine persönliche Tagesschau Zeit nehmen; biblisch: Gebet der Ver-Antwortung auf die Frage Gottes »Adam, wo bist du?«; Gebet auf der Bettkante – formulierte jemand; spirituelle Bewusstseinserweiterung – ist die Sprache der 68er Jahre; und schließlich entstand aus einem Gespräch heraus die Formulierung: »Gebet der liebenden Aufmerksamkeit« – gerne auch »Gebet der Achtsamkeit«.

Wenn ich Kurse zu dieser Gebetsweise gebe, dann stelle ich zuerst nicht die Übung, die Methode vor, sondern mache auf einige grundlegende menschliche Haltungen aufmerksam, um die es geht und die für Menschwerdung fundamental bedeutsam sind. Dann stelle ich die Frage: Welche Rolle spielt dies in deinem Leben, wo kommt dies vor? Und: Suchst du nach einer Form, die dafür vielleicht eine bessere Hilfe ist als deine bisherige Praxis? Dann stelle ich das Modell von Ignatius vor, und die Kursteilnehmer versuchen sich in den ersten Übungsschritten.

Mensch-Sein durch die Kultur des Innehaltens

Wenn – wie im Jahr 2011 – »Stresstest« zum Wort bzw. Unwort des Jahres wird und man sich vor dem »Burnout«, dem Ausgebranntsein, mehr fürchtet als vor einer Feuersbrunst, dann sagt das einiges. Eines auf jeden Fall: Wir scheinen uns wie in einer Mäusetrommel zu bewegen bzw. unfähig, vom Karussell unserer wirklichen und eingebildeten Verpflichtungen, Gedankenspiele, Gefühlswolken, um die sich alles dreht, auszusteigen. Das Gebet der liebenden Aufmerksamkeit ist zunächst einmal der Versuch, ein wenig auszusteigen: mal Schluss jetzt; Pause, Stille, Innehalten, aufatmen, zurück- und vorausblicken, zu sich kommen. – Karl Valentin hat dies einmal feinsinnig-witzig – in hochdeutscher Version – so ausgedrückt: »Heut' Abend, da möcht' ich mich besuchen und bin gespannt, ob ich daheim bin.« Also: zu sich kommen statt ständig »außer sich sein«.

Die praktische Frage lautet: Wie steht es bei mir mit der Kultur der Unterbrechung? Kommt sie vor? Wie kommt sie vor? Und wann? Bei einem tiefen Durchatmen? Bei einer kleinen Gesprächspause? In fünf Minuten vor dem Schlafengehen auf dem Balkon? Bei der Fahrt mit der Straßenbahn? Die ersten Minuten vor dem Einschlafen? In einem kleinen morgendlichen Vorausblick auf den kommenden Tag? In einem ernsthaften Gespräch über persönlich Wichtiges? Wer sich auf die Entdeckung von Pausen und Pausenqualität macht, wird fündig werden. Einem, der nach der Häufigkeit des »Examens« fragte, antwortete Ignatius: »Ja, machen Sie das nicht jede Stunde?!« Anders gesagt: Nur wer Pausen macht, kann pausenlos leben. Nur wer unterbricht, wird zum ganzen Menschen.

Mensch-Sein im Da-Sein des Gegenwärtigen

Die stärkste Geschichte, in der Gegenwärtigkeit eine Rolle spielt, ist die Begegnung von Mose mit Gott in der Wüste. Dort offenbart sich Gott mit seinem Namen: »Ich-bin-der-da-ist«. *Dasein* ist einer der ganz einfach-großen Gottesnamen. Gott ist reines Gegenwärtig-Sein.

Wenn, wie die Bibel sagt, der Mensch nach dem Bild Gottes geschaffen ist, stellt sich die Frage: Wie steht es

in meinem Leben mit der Kultur der Gegenwärtigkeit? Bin ich da, wenn ich da bin, oder immer noch oder wieder schon irgendwo anders? »Seltsam, manche Menschen können in einer Stunde länger da sein als andere in einer Woche«, sagte mir einmal jemand – eine Erfahrung, die es in sich hat.
Was bedeutet für mich das Wort: »In Ihm leben wir, in Ihm bewegen wir uns, in Ihm sind wir« (Apg 17)? Findet mein Leben »außerhalb Gottes« statt? Aufmerksam leben hieße, im eigenen Leben wach zu sein für den, der sich mit dem Namen offenbart: »Ich-bin-wo-du-bist«. So übersetzt Martin Buber. Was ist meine Antwort auf Seine Frage: »Adam, Mensch, wo bist du?« Das Gebet der Aufmerksamkeit ist Einübung bzw. Ausübung von Gegenwärtig-Sein mit dem eigenen Leben im *Leben*.

Mensch-Sein im Dankbar-Sein

Es ist ein starkes Wort, wenn Ignatius von Loyola einmal sagt, er sei überzeugt, dass die Dankbarkeit die Quelle alles Guten und die Undankbarkeit die Quelle alles Bösen sei. Um dies einsehen zu können, sind einige Erkenntnisse notwendig:
Dankbarkeit ist Ausdruck der Fähigkeit, einzustimmen in den Grundrhythmus allen Lebens, nämlich empfangen und geben zu können.
Dankbarkeit ist eine Quelle von Bereicherung, denn mir gehört wirklich nur das, wofür ich »Danke« sagen kann.
Dankbarkeit ist im Tiefsten die Annahme seiner selbst aus dem großen Gegeben-Sein aus der schöpferischen Gottesliebe.
Umgekehrt gilt: Feind jedes Dankbarkeitsempfindens

sind z.B. die Unaufmerksamkeit für Geschenktes oder die Selbstverständlichkeit, mit der jemand alles für sich in Anspruch nimmt, und der Gedanke, dass ich eigentlich auf alles ein Recht habe.
Wie pflege ich Dankbarkeit in meinem Leben? Kommt sie vor? Welchen Ausdruck findet sie? Nehme ich sie als Quelle der Lebendigkeit wahr und versuche das Geschenk der Dankbarkeit zu kultivieren? – Für Ignatius ist die Kultivierung der Dankbarkeit Gott und den Menschen gegenüber ein wesentlicher Schritt in seiner Übung.

Mensch-Sein im wahrhaftigen und befreienden Wandlungsprozess

Was lebt, regt sich und wächst, und dies geschieht oft und immer wieder durch Schwierigkeiten und Gefährdungen hindurch. Auf dem Lebens-Weg gibt es viele Abwege, Umwege, Irrwege. Auch: Grenzen, Fehler, Verfehlungen, lebensfeindliche Tendenzen, Schuld, Sünde. Oft ist ein entscheidender Schritt, es mir und anderen zugeben zu können, dass ich verwundet wurde und verwundet habe; dass ich Fehler begangen habe und andere sich an mir »vergangen« haben. Wo dies geschieht, kann das biblische Wort gelten: »Die Wahrheit wird euch frei machen.« Zu eigenen Schwächen stehen zu können, ohne sie schönzureden, das ist menschlich und in einem tiefen Sinne stark.
Wie kann ich mich von wachstumshemmenden Ängsten befreien lassen? Wer und was hilft mir dabei? Wer vergibt mir? Wie kann ich Versöhnung mir schenken lassen und fördern? Sie ist notwendig: ohne Versöhnung kein Wachstum. – Darum geht es Ignatius in sei-

ner Bitte, die eigenen Dunkelheiten zu erkennen und in die Freiheit der Liebe zu finden. Schmerz, Trauer, Reue, Bitte um Vergebung, Umorientierung, Perspektivenwechsel führen in eine neue Zukunft. Um den zukunftsfähigen und zukunftswilligen Menschen geht es. Für ihn bedeuten Fehler eine Möglichkeit zum Lernen.

Mensch-Sein im Einüben und Ausüben

»Sich mit Seiner Gnade Besserung vornehmen« – so formuliert es Ignatius schlicht im letzten Punkt seiner »allgemeinen Gewissenserforschung«. Dahinter steht eine doppelte Erkenntnis: All unser menschliches Werden und Wachsen ist Gnade, Geschenk, Vorgabe. Ebenso gilt, dass dem Menschen seine Lebenskraft gegeben ist, um sein Leben mitzugestalten.
Als Hilfe hierzu bietet Ignatius eine Übung zur Lebensgestaltung an, deren Name lateinisch »examen particulare« lautet. Auf Deutsch heißt das ungefähr: Übung der »konkreten Lebensgestaltung«. Da geht es nicht um die Änderung des ganzen Menschen, sondern um ganz konkretes Einüben von guten und Verlernen von lebensfeindlichen Gewohnheiten: Wie kann ich Dankbarkeit einüben? Welche negativ wirkenden Redewendungen kann ich »löschen«? Wie kann ich meinen Schreibtisch hilfreich ordnen? Wie finde ich Zeit zum Beten? Usw.
Was rät Ignatius, wie dies geschehen soll? Die Antwort:

- Formuliere dein Ziel genau und nimm dir nicht zu viel vor.
- Werde dir der Motivation bewusst: Was lockt dich bzw. wie spürst du den Leidensdruck?

- Bleib bei einer Sache – nicht »alles auf einmal«, sondern »alles der Reihe nach«.
- Bleibe längere Zeit, einige Wochen, dran.
- Erinnere dich morgens, mittags und abends – und zwischendurch auch – an dein »Projekt der Lebensgestaltung«.
- Mache dir während der Wochen des Einübens täglich – wohl meistens am Abend – ein paar Notizen, wie es dir mit deinem Anliegen ging. Ein paar Worte können genügen.
- Schau, dass du eine mitwissende Person findest, der du einmal in der Woche fünf Minuten erzählst, wie es dir mit deinem Experiment geht.
- Vertraue dich betend dem Wirken des Gottesgeistes an.

Motivierend dafür, sich überhaupt auf solches Üben einzulassen, kann ein Wort von Otto Friedrich Bollnow sein: »Vom Kennen zum Können führt nur das Üben.« Viel sagt auch eine Formulierung von Alex Lefrank SJ: »Üben ist ein Akt der Hoffnung.« Wer übt, hofft und lebt aus der Überzeugung: »Lasst uns dem Leben trauen, weil Gott es mit uns lebt« (nach Alfred Delp SJ).
Die geistliche Übung des »Examens«, die Ignatius so außerordentlich schätzte und empfahl, ist eine Art täglicher Kurzexerzitien, eine Weise, sich auf Menschwerdung einzulassen. Er hätte wohl seine Freude gehabt an den Texten von Martin Luther und Benedikt XVI. zum Werden und Üben und Menschsein.

Einübung ins Menschsein (Benedikt XVI.)

Exerzitien sind Einübung ins Christsein, Üben der Existenz im Glauben … Weil aber Christsein nicht irgendeine Spezialkunst neben anderen meint, sondern einfach das rechtgelebte Menschsein selbst, könnten wir auch sagen: Wir wollen die Kunst des richtigen Lebens »üben« – Wir wollen die Kunst der Künste, das Menschsein, besser erlernen.

Einübung ins Werden (Martin Luther)

Das Leben – ein Frommwerden
Das Leben ist nicht ein Frommsein,
sondern ein Frommwerden;
nicht eine Gesundheit, sondern ein Gesundwerden;
nicht ein Sein, sondern ein Werden;
nicht eine Ruhe, sondern eine Übung.
Wir sind's noch nicht, wir werden's aber.
Es ist noch nicht getan oder geschehen,
es ist aber im Gang und im Schwang.
Es ist nicht das Ende, es ist aber der Weg.
Es glüht und glänzt noch nicht alles,
es reinigt sich aber alles.

Willi Lambert SJ
Dr. theol, geboren 1944, arbeitet als geistlicher Begleiter und in der Aus- und Fortbildung von Exerzitienbegleitern; er lebt in München

Vom »Examen« des heiligen Ignatius von Loyola zum »Gebet der liebenden Aufmerksamkeit«

Beim Begriff gehen die Fragen schon los: Den einen riecht »Examen« oder auch das im 20. Jahrhundert sehr verbreitete Wort »Gewissenserforschung« heute zu korrektiv, zu sehr nach Disziplin und Skrupel, den anderen ist »Gebet der liebenden Aufmerksamkeit« zu weichgespült. Wir gehören zur großen Gruppe derer, die »Tagesrückblick« am liebsten verwenden, weil der Begriff sachlich und unbesetzt ist. Auch »Tagesauswertung« geht in diese Richtung, aber das Wort ist uns fast schon zu groß für das, was so oft ein Bruchstück bleibt. Manche haben ihren eigenen Namen für diese Zeit. Die US-Amerikaner verwenden bis heute das Wort »Examen« für das, was Ignatius seinen Gefährten und sich selbst so dringend ans Herz gelegt hat: Jeden (!) Tag zwei Mal innezuhalten, um sich zu »erforschen«, wie es Adolf Haas übersetzt. Systematisch wie in vielem gibt Ignatius dafür eine Schrittfolge an[1]:

Der erste Punkt besteht darin, Gott unserem Herrn Dank zu sagen für die erhaltenen Wohltaten.

Der zweite: Gnade erbitten, die Sünden zu erkennen und von sich zu werfen.

Der dritte: von der Seele Rechenschaft fordern: angefangen von der Stunde des Aufstehens bis zur gegenwärtigen Erforschung, von Stunde zu Stunde oder von Zeitabschnitt zu Zeitabschnitt; und zwar zuerst über die Gedanken, dann über die Worte und anschließend über die Werke.

Die vierte: Gott unseren Herrn um Verzeihung bitten wegen der Verfehlungen.

Die fünfte: sich mit seiner Gnade Besserung vornehmen. Vaterunser.

Die Sprache von Ignatius ist gewöhnungsbedürftig für Menschen des 21. Jahrhunderts. Aber wer über diesen Widerstand hinwegsteigt, findet in diesen fünf Punkten viel Menschheitswissen und viel Psychologie auch des 20. Jahrhunderts wieder. So fängt Ignatius grundsätzlich mit dem Dank an, wie jeder, der heute ein professionelles Mitarbeitergespräch führen will. Er hört grundsätzlich mit einem konkreten erreichbaren Ziel auf, wie jeder, der heute Menschen führen will, sei es als Vorgesetzter, als Erzieher oder als Therapeut. Wer dahinter ähnliche Prinzipien wittern will wie beim japanischen »Kaizen«, der immerwährenden Verbesserung des eigenen Handelns im Dienst der Aufgabe, oder bei dem Kreislauf »Plan-Do-Check-Act« (Planen-Ausführen-Auswerten-Führungs-Handeln-Planen ...), der heute in jedem Basis-Seminar zum Qualitätsmanagement unterrichtet wird, der kann solche Parallelen zwanglos finden. Aber natürlich geht es Ignatius um mehr als um die systematische Verbesserung des eigenen Verhaltens. Es geht ihm um sehr viel mehr: Das »Examen« des Ignatius von Loyola ist ein Gebet, es richtet die Betenden auf Gott hin aus. Und es ist ein Mittel zur Schulung der Achtsamkeit, der »Unterscheidung der Geister« im Dienst des übergeordneten Zieles, das im »Prinzip und Fundament«[1] so beschrieben wird: »Der Mensch ist geschaffen, um Gott unseren Herrn zu loben, ihm Ehrfurcht zu erweisen und ihm zu dienen und mittels dessen seine Seele zu retten; und die übrigen Dinge auf dem Angesicht der Erde sind für den Menschen geschaffen und damit sie ihm bei der Verfolgung des Ziels helfen, zu dem er geschaffen ist.

Daraus folgt, dass der Mensch sie so weit gebrauchen soll, als sie ihm für sein Ziel helfen, und sich so weit von ihnen lösen soll, als sie ihn dafür hindern.

Deshalb ist es nötig, dass wir uns gegenüber allen geschaffenen Dingen in allem, was der Freiheit unserer freien Entscheidungsmacht gestattet und ihr nicht verboten ist, indifferent machen. Wir sollen also nicht unsererseits mehr wollen: Gesundheit als Krankheit, Reichtum als Armut, Ehre als Ehrlosigkeit, langes Leben als kurzes; und genauso folglich in allem sonst, indem wir allein wünschen und wählen, was uns mehr zu dem Ziel hinführt, zu dem wir geschaffen sind.«

Es geht also zuerst einmal um die Erfassung der Wirklichkeit, um Wahr-Nehmung im vollen Wortsinn. Es geht um den Heiligen Geist, der die Wahrheit sucht. Ignatius sieht in der Welt grundsätzlich zwei Kräfte um die Macht ringen, wie es in den Evangelien dargestellt ist: den »Herrscher der Welt« einerseits, der mit allen Mitteln, mit Verführung und Täuschung, versucht, die Menschen von ihrem eigentlichen Ziel abzubringen und sie in Angst und Unfreiheit zu halten. Und den von Christus verheißenen Geist Gottes andererseits, der sich liebevoll um die Rettung der Menschen bemüht, was aber die Einsicht in die Unerlöstheit, in die Bedürftigkeit und Erbärmlichkeit menschlichen Lebens voraussetzt. Wer sich in Sicherheit fühlt, braucht keinen Erlöser. Dass diese Sicherheit trügerisch ist, erkennen die meisten Menschen früher oder später, oft auf schmerzhafte Weise. Ignatius hat da keinerlei Illusionen – je früher und gründlicher ein Mensch erkennt, dass er ohne Gott und aus sich heraus nicht lebensfähig ist, umso näher sieht Ignatius ihn der Wahrheit. Es geht ihm also eher um Erkenntnis, um Sicht auf die Wirklichkeit als um Disziplinierung. Aber es geht wohl noch um mehr als Erkenntnis, denn die Wahrheit ist unbarmherzig, wenn sie nicht vor dem Hintergrund eines grundsätzlichen Angenommen-Seins erlebt werden kann. Das Gleiche kennen wir aus der Therapie: Die bittersten Einsichten sind erst unter dem Schutz einer tragfähigen annehmenden Beziehung möglich. Die Psychotherapieforschung würde von einer »korrigierenden emotionalen Neuerfahrung« reden, der christliche Glaube nennt es schlicht Liebe. Diese vertrauensvolle Beziehung soll im Schauen auf den vergangenen halben oder ganzen Tag immer wieder neu gepflegt und aktualisiert werden. Wenn ich spüre, wenn ich deutlich wahrnehme, dass mich etwas meinem Ziel näher bringt, werde ich mir dieses Verhalten auch immer mehr aneignen. Dann werde ich auch keine Gewalt anwenden müssen, um mich immer mehr auf den Weg dorthin zu machen.

Dieser barmherzige Blick auf sich selbst hat so gar nichts mit Selbstdressur zu tun. Genau darauf zielt der Begriff »Gebet der liebenden Aufmerksamkeit«[2], der geprägt wurde in einer Zeit, in der viele Menschen noch von der harten Schule der ersten Hälfte des 20. Jahrhunderts erzogen worden waren und strafende, Angst machende Gottes- und Kirchenbilder verinnerlicht hatten. Der Begriff soll eindeutig klarstellen, dass es keinesfalls um ablehnende, abspaltende Selbstdisziplinierung geht. Im Gegenteil, die Engführung auf die eigenen Schwächen und Verfehlungen würde die Grundabsicht des Examens, die Öffnung auf den Herrn hin, verfehlen. Eine falsch verstandene »Gewissenserforschung« kann sogar Entmutigung und Selbstwertkrisen verstärken, bis hin zu finsterer Depression. Es geht aber gerade darum, zu erfahren, dass der Herr mich annimmt, mit allen meinen Grenzen und Schwächen.

Deshalb stellen viele jüngere Texte der ignatianischen Tradition über den Tagesrückblick klar, dass es um mehr geht als darum, sich zu ordnen. In dem Text von George Aschenbrenner SJ von 1972, der sich in einer Kurzfassung auf der englischsprachigen Website »ignatianspirituality.com« findet,[3] wird deutlich herausgearbeitet, worum es im »Examen« eigentlich geht: ein immer stärkeres Gespür dafür zu entwickeln, was mich Gott näher bringt und was mich von ihm entfernt.

Letztlich ist das Ziel des Tagesrückblicks dasselbe wie das aller Geistlichen Übungen, die Ignatius vorschlägt: dem Guten, das Gott in uns und durch uns wirken will, immer näher zu kommen und immer mehr Raum zu öffnen. Das Examen will helfen, einer Sehnsucht, einer Verheißung nachzugehen, der entscheidenden Verheißung unseres Daseins sogar.

Wer hält ignatianischen Tagesrückblick?

Nur Jesuiten und ein paar handverlesene harte Hunde oder besonders Methodengläubige? Ein Anliegen dieses Bandes ist es, das Gegenteil zu belegen. Es sind ganz normale Menschen, die irgendwann in ihrem Leben herausgefunden haben, dass es sie weiterbringt, wenn sie mehr oder weniger täglich ihren Tag und das, was er so brachte, vor den Herrn hinstellen – und oft

genug werfen sie ihn dem Herrn vor die Füße. Die meisten haben das irgendwann als Angebot kennengelernt in Kursen, Exerzitien, in Gruppen der Gemeinschaft Christlichen Lebens (GCL) oder bei anderen Gelegenheiten. Die GCL, eine weltweite geistliche Gemeinschaft von zurzeit etwa 150.000 Menschen, in Deutschland auch als Jugendverband organisiert, leitet aus der Spiritualität der ignatianischen Exerzitien Empfehlungen für ihre Lebensweise und die praktische Alltagsbewältigung ab, unter anderem eben die tägliche Rückschau auf den Tag. In den USA suchen die von Jesuiten geführten Colleges nach zeitgemäßen Formen für Schüler und Studenten. Im deutschen Sprachraum machen die Jesuiten und die Schwestern in der Congregatio Jesu Interessierten behutsamere, zurückhaltendere, aber ebenso glaubwürdige Angebote im Rahmen von Jugend- und Kursarbeit. Ein Beitrag in diesem Band (Elisabeth Wedding) zeigt, wie schon das Abendgebet mit den Kindern behutsam zum Tagesrückblick ermutigen und anleiten kann.
Wir kennen nur wenige, die den Tagesrückblick lückenlos jeden Tag praktizieren. Wir kennen viele, die ein Leben lang damit experimentieren, diesen allmählich vertrauter werdenden Ritus den Unregelmäßigkeiten und Grenzen ihres Alltags immer wieder anzupassen. Viele kennen unterschiedlich lange Fassungen, denn manchmal wollen die Augen einfach nur noch zufallen. Eine besonders schöne Version für genau diese Situation hat zu diesem Band Monika Sander beigetragen, die aus Deutschland stammt und viele Jahre der französischen GCL/CVX vorstand: Merci – Pardon – Nous deux à demain (wir beide bis morgen). Fertig, Klappe zu. Der Herr besteht nicht auf Ausführlichkeit.

Wir selber kennen durchaus auch nachlässige Zeiten. Manche davon waren auch wichtig, weil das Bedürfnis dann wieder spürbarer wurde nach Linie, nach Draht zum Herrn, nach Wachstum. Aber wir sind insgesamt überrascht davon, wie viele Menschen den Tagesrückblick mehr oder weniger regelmäßig pflegen und wie wichtig er ihnen geworden ist, so dass sie ihn gegen vielerlei Argumente und Aufweichungen verteidigen. Nicht wenige berichten als besonderes und mit den Jahren wachsendes Motiv eine eigenartige fühlbare Verbundenheit zum Herrn, die ihnen sehr hilft, ihren Alltag zu bestehen und ihre Mitte dabei nicht zu verlieren.

Beim Vorbereiten und Sammeln der Beiträge haben wir noch schärfer sehen gelernt, dass der Tagesrückblick ein Privileg ist oder besser gesagt eine privilegierte Lebenssituation belegt. Wir kennen Menschen in großer Not, die häufig oder gar täglich eine Art Tagesrückblick halten, in Krankheit, Trauer oder auch im ganz bescheidenen Lebensstandard von Hartz IV. Aber fast alle kommen aus Lebensverhältnissen und die meisten stehen noch in solchen, in denen sie sehr bewusst und jedenfalls in Freiheit und Würde nach dem Wohin ihres Lebens fragen konnten. An Erziehung und Bildung, an Essen und Schlafplatz, an Gemeinschaft und Interessen war kein anhaltender Mangel. Außerhalb der geordneten Sicherheiten jedoch lernt man nicht leicht, auf diese Weise den Tag und das eigene Innere anzuschauen. Die durchformulierten Vorschläge bleiben, wie es einer der dazu befragten Jesuiten formulierte, eben auch in »bürgerlichen Bedingtheiten gefangen«. Insofern bilden die hier vorgestellten Varianten des Tagesrückblicks, selbst die vorsichtigen und unsicheren, nur die Lebenswirklichkeit eines Teils unserer Gesellschaft ab. Viele Menschen können oder wollen nicht explizit beten, obwohl sie es vielleicht einmal konnten. Manchen erscheint alles Kirchliche zu selbstgewiss oder zu altmodisch, um ihre Ahnung vom Ewigen dorthin zu bringen. Aber es gibt viele Wege, das eigene Leben zu Gott zu bringen, auch sehr wortkarge und zweifelnde. Immer noch ist eines unserer Lieblingsgebete: Herr, wenn es dich gibt, rette meine Seele, wenn ich eine habe.

Wie geht ein Tagesrückblick?

Streng, aber nicht überholt ist die Fassung von Ignatius selbst (siehe oben). Eine wichtige Empfehlung von Ignatius liegt wohl in der Schrittfolge, die Bewegungen und Richtungswechsel darin:

Erster Schritt: Sich bewusst zunächst in die Gegenwart Gottes zu begeben, vor seine Augen zu stellen, das schaltet schon mal manches ab an Lärm und an Ablenkung, das zentriert. Es stellt die mehr und mehr vertraute Kontaktsituation zwischen Schöpfer und Geschöpf her, die auf Seiten des Geschöpfes keine Größenphantasien zulässt. Das enthebt mich auch des Anspruchs, ich müsse mich täglich und stündlich neu erschaffen. Das bereitet auch bewusst keinen Platz für Gewalt und Angst, sondern es soll den barmherzigen Blick Gottes fühlbar machen, der unsere Schwächen und Verführbarkeiten längst kennt und sie uns als Aufgaben zeigt und nicht als Gründe, uns zu verdammen. In dieser Haltung sollen wir den Blick auf das richten, was uns geschenkt wurde an diesem Tag, an guten Erlebnissen, an freundlichen Begegnungen, an Erfolgen, an guten Gefühlen, auch an scheinbaren Selbstverständlichkeiten wie ausreichendes Essen und Trinken, Freiheit von Gängelung und Unterdrückung. Wir dürfen den Blick auch auf die vielen Strukturen richten, die Menschen zur Versorgung der Bedürfnisse anderer erarbeitet haben, von Transportwegen über Kommunikationsmittel bis hin zu Rettungsdiensten und Katastrophenschutz. Sie sind keineswegs selbstverständlich. Das wissen alle, die Krieg und Armut erlebt haben oder die Situation in ärmeren Ländern. Der Volksmund sagt zu Recht: An nichts gewöhnt man sich so leicht wie an Luxus. Freude oder Dank werden manchmal knapper, manchmal ausführlicher ausfallen. Es geht nicht um Vollständigkeit. Entscheidend ist wohl eher das bewusste Üben der Haltung. Dankbarkeit ist auch eine Frage der bewussten Wahrnehmung, des aktiven Hinschauens. Das lässt sich üben, und es spricht viel dafür, das bewusst zu tun. Ein einzelner gefundener Grund zur Freude kann reichen. Das ist für viele schwieriger als Selbstkritik. Wenn ich mich kritisiere, bin ich immer noch das handelnde Subjekt. Wenn ich danke, erkenne ich dagegen an, dass jemand über mir steht. Frohsinn angesichts eines Gottes, der die Menschen gerettet hat und retten wird, gilt heute ja schon als naiv.

Der zweite Schritt vollzieht eine Blickwendung vom erhaltenen Guten hin auf das, was noch werden soll. Diese Bitte um Erkenntnis ist an Gott gerichtet. Erkenntnis braucht den liebenden und ermutigenden Blick, denn wir sehen nur, was wir zu sehen wagen. Wir sind wahre Künstler der selektiven Wahrnehmung, der Ausblendung, der Verzerrung. Die Wirklichkeit ist so ernüchternd, dass wir genaues Hinsehen scheuen. Aber Hinschauen wäre so wichtig, weil dort das entscheidende Motiv liegt, der Wahrheitssuche und unserem Erlösungshunger in die richtige Richtung nachzugehen. Ignatius bezeichnet das Erkennen der Sünde als Gnade, um die wir bitten sollen. Das ist die Basis für den dritten Schritt.

Der dritte Schritt, »Von der Seele Rechenschaft zu fordern«, soll kein Tribunal eröffnen. Es bringt uns nichts, uns zum hundertsten Mal für unsere Fehltritte zu beschimpfen. Das erhöht nur Angst und Scham und Widerstand. Um Versuche der Selbstkasteiung ist es sowieso eigenartig bestellt. Jugendsprache sagte vor 30 Jahren schon, die Summe aller Laster sei konstant. Ganz so kann es mathematisch nicht sein, denn vieles lässt sich üben. Aber permanente Selbstkontrolle geht tatsächlich immer wieder schief. Pfiffige psychologische Untersuchungen haben bestätigt, dass Menschen, die sich schon stundenlang den Griff nach bereitliegender Schokolade verkneifen mussten, in anschließenden Tests, wo es um spielerischen Aufschub einer Belohnung ging, weniger geduldig und weniger zum erneuten Verzicht bereit waren. Unsere Selbstdisziplinierungskräfte sind endlich. Nicht jeder taugt zum Zölibat, nicht jeder erreicht Idealgewicht. Selbst der höfisch erzogene Ignatius wurde im Lauf seines Lebens milder und bremste diejenigen seiner Mitbrüder, die in der Kasteiung allzu viel Eifer zeigten. Natürlich ist es auch strategisch sinnvoll, seine Feinde (auch die inneren) kennenzulernen und herauszufinden, hinter welchen Verstecken sie lauern. Das verharmlost Abgründe nicht. Wer von Angst, Neid oder Bitterkeit aufgefressen wird, kann im »Examen« Schritte zur allmählichen Heilung finden. Aber auch wer in sich gefährliche Tendenzen zu Hass, Gewaltdurchbrüchen oder zu sexuellen Grenzverletzungen findet, ist besser beraten, sich diesen Impulsen ehrlich und sehenden Auges zu stellen. Und sie oder er darf im Gebet um Hilfe bitten, das erhöht die Chance auf geeignete Gegenmaßnahmen wie Alkoholverzicht, Beratung oder Therapie erheblich und verringert die Gefahr, an anderen schuldig zu werden. Der Herr zeigt auf vielfältige Weise, dass er heilen will. Das schließt nicht aus, dass er sich dazu menschlicher Heiler bedient. Er verlangt nicht, dass ich das Problem alleine lösen muss. Ignatius war Psychologe genug, das zu wissen. So ernst er das Üben richtigen Verhaltens nahm, so klar wird immer wieder, dass die Mitte der Übungen eigentlich nicht der Kampf gegen den Schweinehund, sondern die Beziehung zum Herrn und die Wahrnehmung der eigenen inneren Bewegungen in dieser Beziehung ist.

Im vierten Schritt heben wir deshalb den Blick wieder von uns selber auf den Herrn hin. Wir sollen das, was nicht gelungen ist, was nicht gut war an diesem Tag, dem Herrn hinhalten, mit der Bitte, es zu heilen, vielleicht auch mit seiner Macht die Konsequenzen für andere zu lindern, wo es doch nicht ungeschehen zu machen ist. Dieser Schritt kann Mühe kosten. Wir stellen uns ohne die übliche Deckung in den Blick Gottes, das macht nicht wirklich »Spaß«. Aber genau darin, im aktiven Zugehen auf den Herrn, im bewussten Verweilen in seiner Präsenz, öffnet sich auch die verwandelnde Kraft des »Gebets der liebenden Aufmerksamkeit«.

Im fünften Schritt schließlich, in seiner Nähe, werden wir ermutigt, ihn direkt zu bitten, er möge uns helfen, unser Fehlverhalten in Zukunft weniger wahrscheinlich zu machen, die Vorkehrungen klüger, die Wachsamkeit schneller, die guten Alternativen sichtbarer und gangbarer zu machen. Es geht natürlich nicht darum, die Schuld von uns weg auf ihn zu schieben, sondern um die möglichst aussichtsreiche Suche nach Veränderung. Die Macht, Wunder zu tun, liegt halt beim Herrn und nicht bei uns. Das »Examen« wird uns empfohlen als naheliegender Ausdruck des Wunsches nach Entwicklung im vollen Sinn des Wortes, nach Lösung der Knoten und Befreiung, nach allmählicher Verwandlung durch die Nähe zum Herrn. Wir brauchen keine Sorge zu haben, dass wir dadurch durchgeistigter oder weltferner würden. Das Anschauen und Annehmen dessen, was wirklich ist, führt konsequent in das konkrete Leben hinein. Wir werden eher geerdet, als dass wir an Bodenhaftung verlören.

Dass sich viele Betende nicht eng an diese Schrittfolge halten, ist den Beiträgen deutlich anzumerken. Unseres Erachtens wird aber auch deutlich, dass die Grundhaltungen der Urfassung sich fast immer durchsetzen. Sie scheinen einer plausiblen geistlichen Logik zu folgen. Für Ignatius ist ein wichtiges Merkmal die »coda«, die wie ein Schwanz nachhängende emotionale Bewertung einer Situation. Wenn ein Tagesrückblick den Nachgeschmack von Ehrlichkeit und Ausrichtung auf Gott hin hinterlässt, dann hat er sein Ziel erreicht. Eine fühlbare und tröstliche Nähe zum Herrn dürfen wir wohl nicht immer erwarten. Sie bleibt ein unplanbares Geschenk, das aber nach Aussagen vieler, die den Tagesrückblick mehr oder minder regelmäßig halten, mit den Jahren häufiger werden kann.

Im deutschen Sprachraum hat durch die Gemeinschaft Christlichen Lebens die folgende Fassung weite Verbreitung gefunden:

Sich einfinden in Gottes Gegenwart
Dank für das eigene Geschöpf-Sein, für Leib und Leben

Bitten, die eigene Wirklichkeit vorurteilsfrei anschauen zu können

Verweilend auf mein Leben, meinen Tag blicken:
Was bewegt und berührt mich jetzt?
Was habe ich erlebt – wie ging es mir mit meinen Empfindungen, Gefühlen und Gedanken?
Wie habe ich meine Beziehungen gelebt – zu mir selbst, zu den anderen, zur Schöpfung, zu Gott?
Gottes Geist wahrzunehmen suchen in den eigenen Bewegungen von Glauben, Hoffen und Lieben
Den Aber-Geist aufspüren von Misstrauen, Entmutigung und Egoismus

Auf Gottes Zuwendung und Erbarmen schauen und alles vor ihn bringen, was ich wahrgenommen habe Gebet des Dankes, der Bitte um Versöhnung – im Gespräch wie mit einem Freund oder einer Freundin

Der verheißenden Zukunft Gottes zu vertrauen suchen
Bitte um die Entschiedenheit zur Hoffnung

Die Grundhaltung und die Blickwendungen sind die gleichen, die Formulierung etwas weniger sperrig.

Noch aktueller in der Sprache und noch knapper ist die Version im Scheckkartenformat, aber auch sie enthält wohl alles Wesentliche und sie lädt auf eine zeitgemäßere Weise ein:

spüren. mich in gottes gegenwart stellen.
gott um einen ehrlichen blick bitten.
auf den tag schauen. dort verweilen, wo ich angesprochen bin.
dank für alles, was gut war. bitte um verzeihung für alles ungute.
meine pläne für morgen gott anvertrauen.
vaterunser beten.

Einige im Bekanntenkreis nehmen besonders die Menschen mit in den Tagesrückblick, denen sie an diesem Tag begegnet sind, mit allem, was gut ging, und allem, wo wir unter unseren Möglichkeiten geblieben sind. Das sieht für die Journalistin anders aus als für den Arzt oder die Lehrerin.
Am Ende geht es aber auf vielen Wegen. Einige Beiträge zeigen das. Nicht immer sind Worte möglich, manchmal sogar undenkbar. Wenn die Kernanliegen Raum bekommen, sind viele Gestalten möglich, auch in Gesang oder Bewegung.

Wann und wo kann ein Tagesrückblick stattfinden?

Die Antwort für den Ort ist ziemlich einfach: überall, wo sich Abstand genug herstellen lässt, um inneren Bewegungen nachzugehen. Das kann auch mitten in der S-Bahn sein. Viele bevorzugen einen stillen Ort zu einer wiederkehrenden Zeit des Tages. Das erlaubt das Einspielen eines Rituals und das macht es leichter. Ich muss dann nicht jeden Tag neu entscheiden, ob und wann ich mir die Zeit nehme. Vielen hilft es, immer den gleichen Platz und die gleiche Körperposition einzunehmen.

Außerhalb von Ordensgemeinschaften kennen wir nur wenige, die es tatsächlich an jedem Tag zu zwei festen Zeiten versuchen. Die meisten suchen sich mit der Zeit eine halbwegs feste Zeit am Tag. Das kann am Abend sein, als Abschluss des Tages. Dann kann der Rückblick auch ein tatsächlicher Rückblick auf diesen ausklingenden Tag sein. Für Eltern mit kleinen Kindern und Schichtarbeiter bewährt sich aber anderes vielleicht besser. Einige unserer Bekannten bevorzugen den Morgen. Die meisten, von denen wir wissen, reservieren sich etwa zehn Minuten. Es lohnt sich sehr zu experimentieren. Man kann in Form und Zeitpunkt experimentieren oder auch mit dem Inhalt. Man kann z.B. eine Woche oder einen Monat lang gezielt nach Grund zur Freude suchen. Oder nach einer bestimmten emotionalen Regung, um verstehen zu lernen, wann sie auftaucht und was sie zu sagen hat. Man kann – Ignatius verwendet dafür den Begriff des »Partikularexamens« – auch einem einzelnen ganz bestimmten Verhaltensmuster nachgehen, einer Falle, die sich immer weder stellt, einem Impuls, der mich immer wieder anspringt und zu dem ich alternative Reaktionen entwickeln will. Mit der Zeit können sich ganz unterschiedliche kleine Bräuche einspielen. Wir wissen von Vertrauten, dass sie in ihrem Tagesrückblick manchmal gezielt Alternativen durchspielen: Was wäre passiert, wenn ich heute anders reagiert hätte? Nicht geantwortet oder härter geantwortet, mehr gewagt oder mich mehr gezügelt hätte? Würde mir das jetzt im Rückblick ein besseres Gefühl geben? Gefühlen im

Angesicht Gottes nachzugehen und andere Gefühle probeweise zulassen und aushalten, auch dafür kann Raum sein. Viele machen gute Erfahrungen damit, die Erlebnisse, die sie beim Tagesrückblick machen, regelmäßig mit ihrer geistlichen Begleiterin oder ihrem geistlichen Begleiter zu besprechen.

Vielleicht stellt sich dann heraus, dass Gebete viel öfter in Erfüllung gehen, als wir gewöhnlich sehen können: In der Rückschau über längere Zeiträume lässt sich viel leichter erkennen, welche Entwicklungen stattgefunden haben, wie sich meine Wortwahl, meine Haltungen, meine Bedürfnisse und Interessen verändert haben.

Die Zeiten des Tagesrückblicks sind Zeiten der Freiheit, und das macht sie kostbar. Innehalten, Heraustreten aus dem Hamsterrad, Blick und Herz weiten für den großen Kontext, für das eigentlich Wichtige. Das kann, wie Willi Lambert in einem Beitrag zu diesem Band beschreibt, auch in kleinen Portionen über den Tag geschehen. Wann und wie diese Unterbrechungen stattfinden, das dürfen wir uns selbst suchen und erfinden. Es scheint einen fließenden Übergang zu geben zum »immerwährenden Gebet«, wie es auch in der spirituellen Tradition der orthodoxen Kirchen als »Gebet des russischen Pilgers«[4] oder als »Herzensgebet« beschrieben wird. Im Idealfall entsteht eine tragende Nähe zwischen dem Alltagshandeln meines »Ichs« und den Vorstellungen Gottes von meinem Leben. Das wird begrenzt bleiben, aber der Blick auf meine Lebenswirklichkeit in Begleitung des Herrn schafft Spielräume für Bewusstwerdung, für Entwicklung und für geistliches Wachstum. Unter dem Begriff der »Achtsamkeit« kommt ein Teil davon gerade wieder in Mode. Viele beziehen dieses Wort auf buddhistische Tra-

dition und blenden aus, was an Wissen und Erfahrung in der christlich-abendländischen Tradition zu heben ist, auch und gerade bei Ignatius von Loyola.
Das »Examen«, der »Tagesrückblick«, will, soweit wir es verstehen, helfen, das Eigentliche unseres Lebens zu finden, das »Prinzip und Fundament« mehr und mehr von einer programmatischen Zielerklärung zur befreiten Wirklichkeit jedes einzelnen Tages werden zu lassen. Die folgenden Beiträge sollen zu eigenen Versuchen und Erfahrungen ermutigen, nicht mehr als das, aber auch nicht weniger.

Cordula Leidner
geboren 1953, Sozialpädagogin, geistliche Begleiterin für Einzelne und Gruppen, arbeitet in der Ausbildung und Supervision und koordiniert Kunstausstellungen

Ottmar Leidner
Prof. Dr. med., geboren 1955, Neurologe und Psychiater, arbeitet als Berater und Hochschullehrer für Rehabilitationsmedizin

Gewissenserforschung

(nicht nur für Politiker)

Habe ich ohne wichtigen Grund eine Sitzung besucht?

Habe ich ohne wichtigen Grund zu einer Sitzung eingeladen?

Habe ich ohne wichtigen Grund durch eine Wortmeldung eine Sitzung verlängert und somit mich und andere von der Familie ferngehalten?

Lieber Gott, hilf mir, mein großes Maul zu halten – bis ich weiß, worüber ich rede.

Franz Kardinal Hengsbach zugeschrieben (1910–1991), er war der erste Bischof von Essen

Praktische Erfahrungen eines geistlichen Begleiters

Wenn ich Menschen geistlich begleite, ist mir besonders wichtig, dass sie im Alltag mit Gott verbunden sind und ihren Weg zu einem erfüllten Leben finden. Verschiedene Formen des »Gebets der liebenden Aufmerksamkeit« sind dafür besonders hilfreich.
Meist wird am Abend – etwa für eine Viertelstunde – auf den Tag zurückgeschaut. Es tut gut, ruhig zu werden, für das Leben und die geschenkte Zeit zu danken. Für viele ist diese Rückschau vor allem ein Gebet der Dankbarkeit. Es klärt und ordnet, die Begegnungen, die Arbeit, Freude und Leid des vergangenen Tages vor Gott da sein zu lassen. So zeigt sich oft erst der wahre Wert der Ereignisse oder ihr verborgener Sinn. Auch können die nächsten guten Schritte erspürt werden. Manche haben ihre persönliche Variante einer betenden »Tagesauswertung« entdeckt, so etwa die »Zwei-Minuten-Variante«: Man stellt sich zum Fenster, blickt auf das Kreuz oder geht um den Häuserblock und sagt den Satz: »Das war ein schöner/mühsamer/arbeitsreicher … Tag!« Das Adjektiv, das eingefügt wird, fasst den Tag zusammen, und der Ton lässt im Herzen einen Dank, eine Bitte, eine Klage oder einfach Aufmerksamkeit auf Gott hin erklingen. Wird ein entsprechender Tagesabschluss nicht gepflegt, kann sich das Erlebte auch störend auf den Schlaf und den nächsten Morgen auswirken.
Bedeutend seltener und gewöhnlich kürzer wird dieses Gebet der rückschauenden Aufmerksamkeit irgendwann in der Mitte des Tages geübt. Meist steht innere Samm-

lung und eine erneute Ausrichtung auf Gott im Vordergrund, ein kurzes Innehalten im Getriebe des Alltags. Hilfreich für dieses Gebet der liebenden Aufmerksamkeit in der Rückschau wird oft ein Ritus erlebt: Man begibt sich an seinen Gebetsplatz oder geht in einen sakralen Raum, man räumt den Schreibtisch ab, setzt sich vor das Kreuz, zündet eine Kerze an oder schreibt ein paar Zeilen im Tagebuch. Besonders wichtig wird diese Gebetsübung in emotional turbulenten und intensiven Zeiten.

Neben der zurückschauenden liebenden Aufmerksamkeit empfehle ich in der Begleitung auch das Gebet der begleitenden Aufmerksamkeit: Ein kurzes Innehalten mehrmals am Tag, eine Kurzvisite bei Gott, ein Aufmerken auf Gott (Johannes vom Kreuz), bevor wieder eine neue Tätigkeit begonnen wird. Dies ist ein wiederholter Blickkontakt mit dem, »von dem wir wissen, dass er uns liebt« (Teresa von Avila). Wenn Ortsveränderung ansteht, ein wichtiges Ereignis, eine entscheidende Begegnung oder ein neuer Lebensabschnitt, dann ist das Gebet der vorausschauenden liebenden Aufmerksamkeit für Menschen immer wieder ein Segen. Indem sie den neuen Ort, die Menschen und zu erwartenden Ereignisse vorausschauend in Gottes Gegenwart stellen, können sie das Kommende offener und mehr mit Gott verbunden erleben und gestalten.

Welche Form des Gebets der liebenden Aufmerksamkeit auch gepflegt wird – Ziel ist es, offen zu werden für Gottes tröstende Gegenwart und wegweisende Sprache mitten im Alltag.

Josef Maureder SJ

geb. 1961, ist Novizenmeister der deutschsprachigen Jesuitenprovinzen und Psychotherapeut

»Die guten ins Töpfchen ...«? – Impulse zum Tagesrückblick

Faszination Evaluation

»Zur Verbesserung der Kundenzufriedenheit werden zurzeit einzelne Gespräche aufgezeichnet und analysiert. Wenn Sie einverstanden sind, sagen Sie jetzt bitte ›ja‹.« Diese Ansage tönt mir entgegen, wenn ich die Informations-Hotline meines Telefonanbieters wähle. Nach der Anschaffung eines neuen Autos bekam ich Post vom Produzenten: »Wir sind ständig bemüht, den Service für unsere Kunden zu erhöhen. Sie können uns dabei helfen, indem Sie die nachfolgenden Fragen beantworten, wie zufrieden Sie mit dem Händler beim Kauf Ihres Autos waren.« Es folgten Fragen, bei denen gewählt und angekreuzt werden konnte: »vollkommen zufrieden«, »sehr zufrieden«, »zufrieden«, »teilweise zufrieden«, »nicht zufrieden«. Hier sollte ich selbst bewerten, kurz zuvor wurde ich bewertet: Studierende füllen am Semesterende einen Evaluationsbogen aus, um ihre Bewertung der Lehrveranstaltung kundzutun. Sie können vorgegebene Bereiche mit den Noten eins bis fünf beurteilen. Bewerten und Bewertet-Werden – das sind wir im Zeitalter des »Qualitätsmanagements« und des »Höher-Schneller-Besser« fraglos gewohnt. Optimierung und Perfektionierung anhand standardisierter Kriterien lautet die Devise.

Auch für das eigene Leben lassen sich Leitlinien und Ziele entwickeln, anhand derer Bilanz gezogen werden kann. Die »Tagesauswertung« als eine Art »Selbstevaluation«! Sind Menschen, die den Tagesrückblick

schätzen, damit nicht voll im Trend, sozusagen am Puls der Zeit?
Tatsächlich wird die positive Kraft zur Lebensgestaltung, die verschiedene Elemente der ignatianischen Spiritualität bieten, inzwischen auch in profanen Coaching-Büchern genutzt. Doch eine Verwendung des Tagesrückblicks als »Managementmethode« zur Verbesserung der Lebensqualität oder gar der Produktivität kann höchstens ein bescheidener Anfang sein. Es lassen sich viel größere Schätze heben. Die folgenden Ausführungen laden ein, sich dem »Gebet der liebenden Aufmerksamkeit« unter ausgewählten Blickwinkeln (neu) zu nähern.

»Der Mensch ist geschaffen …«

Im Exerzitienbuch des Ignatius schließt die Anleitung zum Tagesrückblick – von ihm als »Examen« bezeichnet – unmittelbar an das »Prinzip und Fundament« an: »Der Mensch ist geschaffen dazu hin, Gott unseren Herrn zu loben, ihm Ehrfurcht zu erweisen und ihm zu dienen und mittels dessen seine Seele zu retten; und die übrigen Dinge auf dem Angesicht der Erde sind für den Menschen geschaffen und damit sie ihm bei der Verfolgung des Ziels helfen, zu dem er geschaffen ist« (EB 23).
In dieser nüchternen Aussage steckt die tiefste Wahrheit menschlicher Existenz: Wir sind Geschöpfe Gottes. Als Menschen stehen wir von unserem Wesen her in Beziehung zu Gott, sind auf ihn hin geschaffen, offen für ihn, unendlichkeits-fähig, transzendenz-bedürftig, gottes-hungrig. In der tiefsten Sehnsucht des Herzens spiegelt sich die dem Menschen eingestiftete, immer schon vorhandene Bewegung des Geschaffen-

seins »dazu hin« – auf Gott hin. »Unruhig ist unser Herz, bis es Ruhe findet in dir, o Gott« (Augustinus). Zugleich ist darin unausgesprochen von der Beziehung schenkenden, ja sich selbst schenkenden Initiative Gottes die Rede. Seinem zuvorkommenden Handeln verdanken wir uns und alles. Das ist die Grundwahrheit unseres Lebens. Daran erinnert Ignatius nochmals am Ende der Exerzitien in der Betrachtung zur Erlangung der Liebe: »Schauen, wie Gott in den Geschöpfen wohnt« (EB 235), »wie Gott sich in allen geschaffenen Dingen auf dem Angesicht der Erde für mich müht und arbeitet« (EB 236), »wie alle Güter und Gaben von oben herabsteigen« (EB 237). Gott ist gegenwärtig in der ganzen Schöpfung, alles stammt von ihm, alles verdankt sich ihm: Gott in allem und alles in Gott. Was tiefste Wirklichkeit ist, soll persönlich eingeholt und angeeignet werden: Unser ganzes Leben mit seiner Mitte und den scheinbaren Nebensächlichkeiten will durchdrungen werden von der Ausrichtung auf Gott. Wir können und brauchen sie nicht »machen« – sondern entdecken und ihr immer mehr Raum geben. Wir bewegen uns »im Ziel auf das Ziel hin«, formuliert Karl Rahner (Schriften zur Theologie XII, S. 278). Sich davon berühren zu lassen und darüber immer neu ins Staunen zu kommen kann wie von selbst eine Haltung des »offenen Herzens« beim Tagesrückblick schaffen. Umgekehrt wird die Praxis des Tagesrückblicks das Bewusstsein für die unaufdringliche Gegenwart Gottes mitten im Alltag vertiefen.

»Leise lauschen wir zusammen«

Dieser Satz aus einem Gedicht von Ingeborg Bachmann klingt für mich mit der Bezeichnung »Gebet der

liebenden Aufmerksamkeit« zusammen und hat mir viel von seinen Elementen und seiner Atmosphäre erschlossen:
Wie? – Leise.
Die oft lauten, fordernden »Geräusche« des Alltags dürfen in einem Raum der Stille behutsam und liebevoll angeschaut werden, dürfen nachklingen, ausklingen.
Was? – Lauschen.
Eine Einladung zum achtsamen Dasein und Sich-Öffnen: nicht primär analysieren, bewerten und urteilen, sondern schauen, hinhören, zulassen, wahrnehmen, wahr sein lassen.
Wer? – Wir zusammen.
Versuchen, in Gottes Blick einzuschwingen, mir den Horizont weiten und neue Perspektiven eröffnen zu lassen.
Ein solcher Tagesrückblick lebt nicht von Normen und Idealen, sondern vom wachsenden inneren Gespür für die geistliche Dimension. Im »Zwischen« von ich und du ist »Raum« für seinen Geist. Das große, liebende Geheimnis Gottes: nicht nur der Urgrund und das Ziel, dem wir uns nähern, und das Gegenüber, das wir suchen, sondern zugleich die ungreifbar gegenwärtige, tragende, dynamische Kraft der Bewegung. In ihr geschieht Begegnung.

»Diesseitigkeit«

Der Weg zu Gott, zum »Finden« Gottes, ist ein Weg in die Welt, ein Weg des Ihn-Lassens. Mich fasziniert diese ur-ignatianische und ur-christliche Überzeugung, die sich berührend formuliert und bezeugt bei Dietrich Bonhoeffer findet (Widerstand und Ergebung, S. 195). Glauben heißt für ihn, ganz in der Diesseitigkeit zu leben, hingegeben an die Fülle der alltäglichen Aufgaben, Fragen, schönen und leidvollen Erfahrungen. Glauben heißt aufzuhören, etwas aus sich zu machen – auch nicht einen spirituellen Menschen. Glauben heißt, die radikale Bewegung Gottes in Jesus Christus zur Welt mitzuvollziehen. »Nicht ein homo religiosus, sondern ein Mensch schlechthin ist der Christ, wie Jesus … Mensch war.« Gerade in diesem Sinn gilt: »Der Ort, wo du stehst, ist heiliger Boden« (Ex 3,5) – auch ohne brennenden Dornbusch, auch ohne brennendes Herz. In diese radikale Mystik des Alltags kann der Tagesrückblick Einübung sein.

Unterwegs als »Pilger/in« – Konkretisierungsmöglichkeiten

Unser Leben ist ein bleibendes Auf-dem-Weg-Sein. Diese Dynamik des Pilgerdaseins darf sich auch im konkreten Vollzug des Tagesrückblicks widerspiegeln. Die Vielfalt und Weite an inhaltlichen und formalen Gestaltungsmöglichkeiten kann helfen, an dieser Gebetsweise Geschmack zu behalten, sie dem eigenen Leben anzupassen. Neben oder in der bewährten Form von fünf Schritten (ankommen/still werden; um Gottes Licht bitten; zurückschauen/wahrnehmen, was ist; darüber ins Gespräch mit Gott kommen: Dank, Bitte usw.; Ausblick) kann jede(r) eigene Schwerpunkte setzen.
Einige Vorschläge zu einzelnen Elementen:

- den zurückliegenden Tag wie einen Film ablaufen lassen und schauen, hören, fühlen, was mit den Bildern aufsteigt. Oder wie von einer Brücke auf den Fluss des Tages hinabschauen und wahrnehmen, was da so alles vorüberschwimmt;

- das eigene Herz ausschütten mit allem, was darin vom Tag lebendig ist;
- einfach da sein mit der Frage: Was klingt jetzt in mir nach von diesem Tag? Oder nur: Wie bin ich jetzt da vor Gott, in welcher Verfassung, welcher Stimmung: erschöpft, zufrieden, todmüde, aufgewühlt, dankbar ...? Sich Gott so hinhalten;
- »Kommt mit an einen einsamen Ort«, lädt Jesus die ausgesandten, zu ihm zurückkehrenden Jünger ein. Sich mit ihm zurückziehen, an seiner Seite niederlassen (Bild der Johannes-Minne) und in dieser vertrauensvollen Atmosphäre – je nach Temperament oder Stimmung – alles »heraussprudeln«, gemeinsam anschauen oder einfach ausruhen dürfen;
- den Blick über einen längeren Zeitraum auf einen bestimmten Aspekt richten, z.B.: Was ist mir heute geschenkt worden? »Jede Freude ist eine Rose von Gott«, soll Therese von Lisieux gesagt haben. Als Sonnenblumenliebhaberin hat mich dieser Satz lange Zeit inspiriert, abends die »Sonnenblumen des Tages« zu sammeln – und meist habe ich überwältigt von der Freigebigkeit Gottes einen riesigen Strauß bestaunt ...

Die persönliche Gestaltung wird abhängen von dem, was »dran« ist, wo es mich gerade hinzieht:
mich in konkreten Anliegen weiterentwickeln, wachsen wollen;
ein zunehmendes Gespür bekommen für Lebensförderliches und Lebenshinderliches und so in Gottes Blick hineinwachsen;
loslassen, abgeben, vertrauen, in seine Hände legen;
gegenwärtig sein in seiner Gegenwart;
Gott in Freud und Leid, Hell und Dunkel des alltäglichen Lebens entdecken.

Abschließend möge eine kleine Geschichte mit dem ihr eigenen Charme für den Tagesrückblick werben.

Die kleine Maus mit der großen Seele

Unter den vielen Tieren in der Schöpfung Gottes lebte eine kleine Maus mit einer ganz, ganz großen Seele. Alles, was um sie her geschah, was sie sah und hörte, roch und spürte, nahm sie mit ihrer sensiblen Seele hochempfänglich auf. Manchmal meinte sie ganz Ohr zu sein, alles zu hören, selbst das leiseste Wimmern einer gequälten Kreatur. Dann schien sie nur Auge zu sein, alles zu sehen, auch die unscheinbarsten Kleinigkeiten. Und schließlich hatte sie das Gefühl, vollständig Nase zu sein, alles zu riechen und in sich aufzunehmen, was in der Welt zum Himmel stinkt. Das alles machte der kleinen Maus furchtbare Angst. So brach sie mit ihrer Not auf zu ihrem Schöpfer: »Lieber Gott«, sagte sie zu ihm, »ich möchte keine so große Seele haben. Ich habe solche Angst und kann bald nicht mehr leben.« Der Schöpfer allen Lebens schaute sie liebevoll an: »Sag mir, ist es Wirklichkeit, was du siehst, hörst, riechst und fühlst?« »Ja«, antwortete die kleine Maus mit der großen Seele, »es ist die Wirklichkeit.« »Es ist nicht die ganze Wirklichkeit«, erwiderte ihr Schöpfer, »es ist nur die Schale. Geh noch einmal in die Welt. Lass dein Herz weit werden. Lausche, schaue, rieche, fühle – und warte ein wenig. Du wirst Neues erleben, das noch wirklicher ist, und du wirst staunen. Dann wirst du kommen und mich bitten, dir eine noch größere Seele zu geben – damit du empfänglicher bist für mein Leben in aller Schöpfung« (nach Peter Spangenberg).

Zum Nachdenken und zum Gespräch in einer (Glaubens-) Gruppe:

Welche Assoziationen kommen mir zu den verschiedenen Bezeichnungen: Tagesauswertung, Tagesrückblick, Gewissenserforschung, Examen, Gebet der liebenden Aufmerksamkeit?

Welche Erfahrungen habe ich selbst mit dieser Gebetsweise? Was hindert und was lockt mich daran? (Wie) hat sich die Form des Tagesrückblicks auf meinem geistlichen Weg verändert?

»Werten« kann vielfältige Färbungen annehmen: beurteilen, gewichten, positiv oder negativ festschreiben, würdigen, Wertvolles sammeln ... Welche Nuance überwiegt beim »Werten« in meinem Alltag? Welche herrscht bei meiner »Tagesauswertung« im Allgemeinen vor?

Was ist der Bezugspunkt meiner »Tagesauswertung«: Normen, Vorsätze, »fromme« Ideale, meine innere Stimme, das große Du gegenüber ...?

Menschsein heißt Offensein für Gott als tiefste Wirklichkeit meines Lebens. Was hilft mir persönlich, darüber je neu zu staunen?

»Für einen, der Gott sucht wie Mose, kann eine Treppe der Sinai sein« (Madeleine Delbrel). Kann ich diese Überzeugung teilen? Was sind meine »Prachttreppen«, wo ich mit Gott rechne, was meine steilen Stiegen, wo ich gewissermaßen schwer beladen an ihm vorbeikeuche?

»Gott in allen Dingen finden« – dieses Schlagwort ignatianischer Spiritualität kann für mich sein: eine unglaubliche Verheißung, eine leise Ahnung, eine glatte Übertreibung, eine abgedroschene Phrase, ein leeres Versprechen, eine Überzeugung im Kopf, eine lockende Sehnsucht, ein frommer Wunsch … Wo gibt es in meinem Leben dazu Erschließungssituationen – im Großen oder im scheinbar ganz Kleinen?

Renate Kern
Dr. theol., geb. 1971, Exerzitienbegleiterin, 2004–2009 Wiss. Assistentin für Dogmatik, 2009–2010 Lehrstuhlvertretung in Fundamentaltheologie, derzeit tätig in Erwachsenenbildung und Exerzitienbegleitung

Der »Tagesrückblick« in der Hl. Schrift?

Es gibt viele Schriftstellen über das Innehalten und Lauschen, die Sehnsucht, lesen zu lernen, wie Gott Menschen sucht und sein »roter Faden« und mein Lebensfaden mehr und mehr ineinander verwoben werden.

Gen 16,13
Da nannte sie (Hagar) den Herrn, der zu ihr gesprochen hatte: El-Roï (Gott, der nach mir schaut). Sie sagte nämlich: Habe ich hier nicht nach dem geschaut, der nach mir schaut?

1 Kön 3,9
Verleih daher deinem Knecht ein hörendes Herz, damit er das Gute vom Bösen zu unterscheiden versteht.

Ps 9,11
Denn du, Herr, verlässt keinen, der dich sucht.

Ps 27,8
Mein Herz denkt an dein Wort: »Sucht mein Angesicht!«/Dein Angesicht, Herr, will ich suchen.

Ps 119,34
Gib mir Einsicht, damit ich deiner Weisung folge / und mich an sie halte aus ganzem Herzen.

(Buch der) Sprichwörter 23,26
Gib mir dein Herz, mein Sohn (meine Tochter), deine Augen mögen an meinen Wegen Gefallen finden;

Ez 34,16
Die verloren gegangenen Tiere will ich suchen, die vertriebenen zurückbringen, die verletzten verbinden, die schwachen kräftigen, die fetten und starken behüten. Ich will ihr Hirt sein und für sie sorgen, wie es recht ist.

Mi 6,8
Es ist dir gesagt worden, Mensch, was gut ist /
und was der Herr von dir erwartet: Nichts anderes als dies: Recht tun, / Güte und Treue lieben, / in Ehrfurcht den Weg gehen mit deinem Gott.

Mt 13,45–46
Auch ist es mit dem Himmelreich wie mit einem Kaufmann, der schöne Perlen suchte …
Als er eine besonders wertvolle Perle fand, verkaufte er alles, was er besaß, und kaufte sie.

Mk 2,17
Nicht die Gesunden brauchen den Arzt, sondern die Kranken. Ich bin gekommen, um die Sünder zu rufen.

Mk 4,24
Achtet auf das, was ihr hört!

Mk 6,20
Sooft er mit ihm sprach, wurde er unruhig und ratlos, und doch hörte er ihm gern zu.

Mk 6,31
Da sagte er zu ihnen: Kommt mit an einen einsamen Ort, wo wir allein sind, und ruht ein wenig aus.

Lk 2,19
Maria aber bewahrte alles, was geschehen war, in ihrem Herzen und dachte darüber nach.

Joh 1,16
Aus seiner Fülle haben wir alle empfangen, /
Gnade über Gnade.

Joh 10,10
Ich bin gekommen, damit sie das Leben haben und es in Fülle haben.

Joh 16,24
Bittet und ihr werdet empfangen, damit eure Freude vollkommen ist.

Eph 1,18
Er erleuchte die Augen eures Herzens, damit ihr versteht, zu welcher Hoffnung ihr durch ihn berufen seid.

Eph 1,8
Durch sie hat er uns mit aller Weisheit und Einsicht reich beschenkt.

1 Thess 5,21
Prüfet alles, das Gute behaltet!

2 Thess 3,5
Der Herr richte euer Herz darauf, dass ihr Gott liebt und unbeirrt auf Christus wartet.

Cordula und Ottmar Leidner

Ein anderer Weg zum Ziel: das Pausengebet

Während meiner Zeit als Spiritual am Germanicum, dem Seminar für deutschsprachige Priesteramtskandidaten in Rom, gab ich den Neuankömmlingen immer sechstägige Einzelexerzitien. Dies beinhaltete am Tag ca. 17 Einzelgespräche zwischen 10 und 30 Minuten, dazu noch einen Vortrag und die Eucharistiefeier. Als mich ein Student fragte, warum ich am Ende nicht völlig erschöpft sei, fragte ich spontan zurück: »Haben Sie schon auch nur ein einziges Mal in Ihrem Leben an einem Tag 17 Mal eine Pause gemacht?!« Natürlich nicht. – In dieser Frage lag die Antwort. Ich habe die kleinen Pausen von zwei bis fünf Minuten richtig »zelebriert«. Ich habe versucht zu erspüren, wie ich mich fühle: frei oder gespannt? Und wenn gespannt, ja warum?

Dann habe ich mich ein wenig ausgeschüttelt und gedehnt, einen Blick durchs Fenster in den Park hinaus getan; und im Übrigen den Studenten, der gerade gegangen war, dem Geist Gottes und seinem Wirken anvertraut. – Diese Erfahrung habe ich dann irgendwann in das Wort »Pausengebet« gefasst.

Es gibt bzw. gäbe so viele Pausen und Päuschen in unserem Leben: beim Aufwachen; unterwegs in der Straßenbahn; beim Gang vom Zimmer zum Kopierraum; ja in einem Gespräch selber, wenn ich eine kurze Denkpause einlege. Da kann man einfach atmen, sich innerlich freischütteln und auch einen Gebetswunsch, wenn er aufsteigt, da sein lassen: »Lass mich jetzt offen sein und meine Angst überwinden!« Es gibt Lehrer,

denen fünf Sekunden Innehalten vor dem Klassenzimmer helfen. Und einen kenne ich, der sogar die rote Ampel als Pausenmöglichkeit entdeckt hat.
Wem die Anregung einleuchtet und anzieht, der kann für sich einen entsprechenden Stil finden.

Willi Lambert SJ

Den Tag vor dem Abend loben

Man soll den Tag nicht vor dem Abend loben,
sagt ein Sprichwort.
Das ist natürlich in vieler Hinsicht wahr.
Aber solch ein Wort enthält doch auch eine Wahrheit,
die nicht notwendig zu den tiefsten Wahrheiten zählt,
sondern eher zu den kurzen Alltagsklugheiten,
die nicht immer aller Weisheit letzten Schluss enthalten.
Nicht als ob man solch ein Wort darum verachten dürfte.
Auch Jesus selbst liebte solche Worte alltäglicher Klugheit und Lebenskunst, so wenn er sagte:
Jeder Tag hat an seiner eigenen Plage genug.
Aber man kann bei solchen Worten auch einmal
die andere Seite der Wirklichkeit zu sehen versuchen,
die sie uns so leicht verbergen.
Und darum kann man auch einmal sagen:
Lob den Tag schon vor dem Abend.
Dann empfängst du ihn nicht mit Misstrauen und Vorsicht,
sondern mit dem Lob des Vertrauens und der Zuversicht,
dann wird er so, dass du ihn am Abend mit Recht loben kannst.
Dann geschieht es mit dem Tag, wie es bei Menschen
oder wenigstens bei Kindern geht:
Sie werden das, wofür man sie hält.
Wohlan: Loben wir den Tag einmal vor dem Abend;
sagen wir ihm: Sei gegrüßt, Bote Gottes,
kleines Kind der Ewigkeit unseres Gottes.

Sei gelobt, Stückchen Zeit, das kommt,
um nicht anders unterzugehen, wenn es Abend ist,
als in der Ewigkeit Gottes.
Sei gelobt, Tag, an dem ich ein wenig abzahlen kann
an den Schulden des Herzens und der Liebe,
sei gerühmt, kleiner Garten der Zeit,
auf dem wir – mag kommen, was mag –
Glaube und Liebe, die Frucht der Ewigkeit ernten können;
sei herzlich willkommen, du kleiner armer Tag,
ich werde dich zu einem kleinen Kunstwerk machen,
zu einem seligen ernsten Spiel des Lebens,
worin alles mitspielt: Gott, die Welt und mein Herz.
Meint ihr nicht, dass man den Tag
am Abend sicher wird loben dürfen,
wenn man ihn so betend am Morgen vor Gott gelobt hat?[5]

Karl Rahner SJ
1904–1984, Theologe, Konzilsberater, Seelsorger. Der Jesuitenpater bewirkte während und nach dem II. Vatikanischen Konzil eine weitgehende Umorientierung des katholischen Denkens in der zweiten Hälfte des 20. Jahrhunderts

Von der Innenseite der Hand in die Innenseite meines Lebens

In einem Exemplar einer alten Auflage des Exerzitienbuches gibt es ein schönes Bild, das zur Hilfestellung beim Gebet der liebenden Aufmerksamkeit dienen kann. Man sieht eine erhobene linke Hand mit ausgestreckten Fingern von innen. Auf jedem Finger ist im Mittelglied eine kleine Zeichnung angebracht. In der Handinnenfläche ist zu lesen: *Anima mea in manibus meis semper!* »Meine Seele (Mein Leben) ist immer in meinen Händen!« (Ps 119,109a V). Anhand der Hand kann so die Erforschung des Seelenzustands erfolgen!

Die Reihe beginnt beim Daumen (im oberen Fingerteil) mit einem knienden Menschen, der sich an seinen Gott wendet, der auf den Wolken thront. In anbetender, flehender Geste erhebt der Mensch sein Angesicht zu seinem Herrn. *Gratias age!* steht in der Unterschrift: »Sage Dank!« Dies ist der erste Schritt des Sich-Einfindens.

Beim Zeigefinger erscheint über dem Knienden eine Taube im Strahlenkranz: *Pete lumen!* – »Erbitte Licht!« Mit dem Gebet um Begleitung durch den Heiligen Geist zeigt der Betende, dass er in der Führung durch Gott dieses Gebet der liebenden Aufmerksamkeit machen möchte. Mit Hilfe dieses Lichts will er das Dunkle und Verborgene seines Lebens erleuchten lassen und anschauen.

Beim Mittelfinger schreibt der Kniende sein Tagebuch, das ihm als Basis für das Gebet gilt(!). Im oberen Teil des Fingers erkennt man Christus als Lehrenden. *Exa-*

mina!, lautet die Leitlinie: »Untersuche und erforsche!« Der Rückblick auf den Tag geschieht also im Licht der frohen Botschaft, wie sie von Jesus Christus verkündet worden ist. Die Rückschau geschieht nicht in einem Vakuum, sondern steht unter der Verheißung und dem Anspruch des Evangeliums.

Im Ringfinger kniet der Mensch vor der Kreuzigungsgruppe, wo Maria und Johannes vor dem Gekreuzigten stehen. *Dole!* – »Halte den Schmerz aus!« Wer seine Defizite, seine Schuld oder seine Unterlassung des Guten erkannt hat, kann sein Leid ans Kreuz bringen, damit es beim gekreuzigten Jesus aufgehoben ist. Wie Maria und Johannes beim leidenden Jesus trauern, so soll der Betende aushalten, dass er der Botschaft Christi noch nicht voll entsprochen hat.

Beim kleinen Finger kniet der Mensch nicht mehr, sondern hat sich erhoben und schlägt mit einem Schwert auf einen Wurm oder Drachen(!) *Propone!* – »Versprich! Trage vor!« Zum Abschluss des Gebets der liebenden Aufmerksamkeit zeigt der Mensch seine Entschlossenheit, fortan sich mehr um ein christusgemäßes Leben zu bemühen. Nach der Erfahrung des liebenden, verzeihenden und aufbauenden Gottes stellt er sich dem Kampf des Lebens.[6]

Lutz Müller SJ
geboren 1962. Viele Jahre unterwegs mit jungen Menschen, die ihre Berufung zum Ordensleben oder Priestertum klärten, arbeitet auch als Exerzitienleiter, Bibliologe, Supervisor, Therapeut und Begleiter von Ordensgemeinschaften. Schwerpunkt z.Z. als Leiter der Beratungsstelle »Offene Tür« in Mannheim

Hallo, Herr, hier bin ich

Hallo, Herr,
meine Semesterferien neigen sich dem Ende zu. Bald geht es wieder los mit Vorlesungen, Seminaren, Hausarbeiten … Aber jetzt habe ich ja noch Freizeit und gehe nur ab und zu arbeiten – aber das weißt du ja.
Du weißt auch, dass mein Freund sich von mir getrennt hat und Fragen, Zweifel und Erinnerungen mich durch den Tag treiben. Geliebt zu werden, einfach nur weil man ist, wie man ist, ist ein wunderschönes Gefühl. Du tust das auch, doch manchmal fällt es mir schwer, das zu fühlen, zu glauben und einfach darauf zu vertrauen – Hilf mir dabei!
Heute Morgen habe ich beschlossen, ein Stück durch den Schwarzwald zu wandern. Ich habe mir zwei Orte ausgesucht, bin mit dem Zug zu dem einen gefahren und ohne Karte, nur mit Hilfe der Wegweiser, losgelaufen. Drei Stunden bergauf, neben mir ein Abhang und mitten in deiner wunderschönen Schöpfung: Vogelgezwitscher, Bäume, die sich im Wind wiegen, Eichhörnchen, die meinen Weg kreuzen … In solchen Momenten kann ich dir nur danken, dass ich ein Teil dieser Schöpfung bin.
Ich hatte eine interessante Erkenntnis auf dem Weg. Das erste Wegstück war ein Kreuzweg hinauf zu einer Kapelle. Ich habe mir jede Station kurz angeschaut. Dann stand da: »Jesus fällt zum ersten Mal«, später »Simon von Cyrene trägt ihm das Kreuz«, »Jesus fällt zum zweiten Mal« …
Dein Sohn ist gefallen unter seinem Kreuz, er hat Hilfe angenommen, weil er es nicht alleine tragen konn-

te, er ist nochmals gefallen und wieder aufgestanden … Es gehört zum Kreuztragen dazu, auch zu fallen, oder? Du hast mir ein Kreuz gegeben. Klar, es ist nicht ansatzweise so schwer wie das von Jesus, aber es fordert mich – gerade im Moment. Und zu wissen, dass es »normal« ist zu fallen, und ich fallen darf, damit schenkst du mir heute neue Kraft.
Sei bei mir, wenn ich mein Kreuz trage, mein Leben wage …
Ein Lied, das mir die ganze Zeit durch den Kopf ging: Den Namen des Vaters wollen wir ehren, die Liebe des Sohnes in uns mehren und mit der Kraft des Heiligen Geistes werden wir die Erde verändern.
Gib mir deinen Geist. Amen.

Herr,
ich stehe vor dir. Mit meinem Leben. Ich weiß, es ist ausbaufähig und dennoch ist es, so wie es ist, mein Leben. Hilf mir, Herr, dass ich versuche, jeden Tag dankbar als ein Geschenk von dir anzunehmen und zu nutzen.
Ich bitte dich, Herr, wandle mich, damit ich nach deinem Wort und deinen Werken handle. Mache mich zum Werkzeug deiner Hände.
Am liebsten lobe ich Gott in Liedern (Taizé-Liedern), die Melodien und Worte bringen mich ihm näher. Manchmal, wenn alles drunter und drüber geht und wenn ich gerade keinen Sinn in dem Weg sehe, den mich der Herr führt, singe ich:
Gott, lass meine Gedanken sich sammeln zu dir. Bei dir ist das Licht, du vergisst mich nicht. Bei dir ist die Hilfe, bei dir ist die Geduld. Ich verstehe deine Wege nicht, aber du weißt den Weg für mich (Taizé-Lied).
Behüte mich, Gott, ich vertraue dir, du zeigst mir den

Weg zum Leben: Bei dir ist Freude, Freude in Fülle (Taizé-Lied).

Hallo Herr, hier bin ich.
Heute fällt es mir schwer, für den ganzen Tag zu danken, denn er war geteilt wie Tag und Nacht.
Ich habe noch Semesterferien, habe ausgeschlafen, ein paar Besorgungen gemacht und dann eine Freundin getroffen. Wir sind bei strahlendem Sonnenschein über den Münstermarkt gebummelt. – Sie hat immer eine offene Tür – jederzeit. Dafür danke ich dir!
Danach habe ich bei einer befreundeten Familie ausgeholfen und die Kleinste vom Kindergarten abgeholt und für drei gekocht. Danach haben die beiden Großen Hausaufgaben gemacht und ich bin mit der Kleinen ins Freie, mit den Puppen in der Sonne picknicken und Trampolin springen.
Herr, ich danke dir für das unbeschwerte Spiel dieses Mädchens, für ihr Lachen und ihr helles erfreutes Aufschreien beim Fangenspielen.
Dann war ich verabredet, aber ich habe einen Korb bekommen. Es war für mich eine sehr wichtige Verabredung. Ich war enttäuscht und traurig und verärgert, weil ich mal wieder Pläne geschmiedet, Vorfreude und Erwartungen hatte, statt mich einfach drauf einzulassen.
Herr, mache ich mir das Leben manchmal schwerer, als es ist, durch Vorfreude und Erwartungen?
Am Abend habe ich mal wieder gegen Selbstzweifel gekämpft.
Herr, manchmal frage ich mich, warum du mich so gemacht hast, so ganz anders als die anderen, mit so vielen Ecken, und ich so wenig Mut und Kraft habe, dazu zu stehen.
Ich möchte meinem Namen Mirjam (übersetzt: die

Verbitterte) keine Ehre machen, aber manchmal fühle ich mich gegenüber den ganz alltäglichen Infragestellungen ohnmächtig – Wo bist du dann?
Herr, ich danke dir für den Vormittag und Mittag und bitte dich, schenke mir mehr Vertrauen in deine Gegenwart.
Sei auch morgen bei mir, wenn ich sechs Stunden Zug fahre zu einer Fachschaftstagung. Öffne mich für die Menschen, denen ich begegne.
Segne und behüte die Menschen, die mir lieb sind.
Im Namen des Vaters und des Sohnes und des Heiligen Geistes. Amen.

Hallo, Herr, hier bin ich!
Heute war ich den ganzen Vormittag in der Hochschule, kam zum Mittag nach Hause, war im Jugendtreff arbeiten, beim Taizé-Gebet und erlebte noch einen spontanen Filmabend.
Das Seminar heute Morgen zum Thema »Familie« war spannend und hat mich zum Nachdenken und zur Eigenaktivität angeregt. –
Herr, es ist einfach schön, nach Hause zu kommen, das Essen ist fertig und ich muss nicht alleine essen. Dafür danke ich dir.
Die Verschnaufpause tat mir richtig gut, so dass ich mit neuem Schwung in die Arbeit am Nachmittag starten konnte. Heute war dort echt viel los und mich fand man mal wieder am Basteltisch – eigentlich sollte ich den Rahmen mal nutzen, mich mehr in neuen Sachen auszuprobieren.
Danach hatte ich einen Durchhänger mit netten Selbstzweifeln – Herr, stärke mich in solchen Momenten und hilf mir, zufrieden zu sein mit dem, was ich alles habe, statt zu schauen, was mir fehlt.

Aber die Freude auf das Taizé-Gebet hat mich wieder auf die Beine gestellt und obwohl wir nur zu dritt waren, tat es mir sehr gut, mich im Gebet und Gesang auf dich zu besinnen.
Danach habe ich mit einer Freundin und meiner Mitbewohnerin noch spontan einen Film angeschaut.
Herr, oftmals sehe ich gar nicht, wie viele liebe Menschen du mir zur Seite gestellt hast – ich danke dir und bitte dich, behüte und segne sie.
Jetzt bin ich müde und schlaf gleich ein.
Lass mich ruhig schlafen, damit ich morgen mit neuer Kraft und Ausdauer in den Studientag starte.
Danke für diesen Tag.
Im Namen des Vaters, des Sohnes und des Heiligen Geistes. Amen.

Einer der wichtigsten Teile in meinem Abendgebet ist, Gott um den Segen für die Menschen zu bitten, die mir wichtig sind, sie unter seine Obhut und seine schützende Hand zu stellen, im Vertrauen auf seine Barmherzigkeit.
Mir ist das Abendgebet zu einer wertvollen Abrundung meines Tages geworden, die mich daran erinnert, dass da jemand ist, der mich begleitet auf meinem Weg.

Mirjam Frankenstein
22 Jahre, Studentin der Sozialen Arbeit

Tagesausstieg

So nennen wir es bei den Jugendverbänden der GCL; oder auch Abendeinstieg, je nachdem, was danach folgt. Eine neue Wortprägung war Abendumstieg, wie eine Weiche, die jetzt gestellt wird, damit's danach anders weitergeht als bisher.
Für mich ist dieses Gebet vor allem ein Rückblick auf die vergangene Zeit von dem Punkt an, an dem ich zuletzt dieses Gebet gehalten habe, bis zum gegenwärtigen Zeitpunkt. Das muss nicht immer der Abend sein.
Als Student habe ich meinen Tagesrückblick zeitweilig am Mittag gehalten, denn da war ich am klarsten im Kopf und vor allem nicht zu müde. Kam hingegen abends noch ein Bierchen dazu, ging gar nichts mehr. Ein amerikanischer Jesuit sagte mir mal: »When I'm drunk, I cannot pray.« Wie wahr, dachte ich, wenngleich ein Gedanke an Gott auch dann noch möglich ist.
Später, als unsere zwei Söhne auf die Welt kamen – der eine ist jetzt zehn, der andere fünf Jahre alt –, war ich oft hundemüde, nachdem wir sie endlich im Bett hatten, so dass an Beten nicht mehr zu denken war. Doch dann entdeckte ich etwas Wunderschönes: Ich konnte den Tagesrückblick gut halten, während ich noch neben einem unserer Söhne lag, solange der seinen Schlaf suchte. Das ist eine Weise, die ich viele Jahre gerne und immer wieder und immer dankbarer praktiziert habe, manchmal auch heute noch: Ich helfe unserem Sohn beim Schlafanzuganziehen und beim Zähneputzen. Dann legen wir uns ins Bett und schauen ein Buch an.

Dann beten wir noch gemeinsam und blicken dabei schon auf den Tag. Wir schließen mit einem Vaterunser und löschen das Licht. Und daran schließt sich nahtlos »mein« Tagesrückblick an. Wie organisch, wie angenehm, wie schlummerig und kuschelig. Ich bin dann auch nicht allein, denn ein kleiner Mensch liegt neben mir. Und zusammen haben wir uns ja schon an Gott gewandt. Hier kann ich anknüpfen, kann mit Gott zusammen meinen Tag durchgehen und die inneren Bilder kommen lassen, die jetzt noch in mir lebendig sind. Und dann kann ich mit Gott reden, vielleicht flüstern, kann ihm danken und ihm auch sagen, wo es gehakt hat. Wenn ich dabei nicht einschlafe – was gelegentlich auch schon vorgekommen ist –, dann schaue ich noch auf das, was der Abend und der morgige Tag bringen mögen, und bitte Gott um seinen Segen dafür.

»Gott,
wieder liege ich am Abend neben unserem Sohn. Und der schlummert schon. Bald schläft er ganz ohne mich ein. Ich danke dir für diesen Moment. Das Beten mit ihm macht Spaß. Und ich bitte dich, lass mich noch ein wenig erinnern und sehen, was heute so war, auch gestern Abend noch. Wir leben ja in so verschiedenen Welten, er da neben mir und ich. Jeder hat seine Welt und seine Begegnungen darin, auch mit dir, mein Gott. Es ist schön, so entspannt dazuliegen.

Heute war Sonntag, ein Tag, an dem wir in unserer Familie viel Zeit füreinander hatten. Diesmal haben wir sogar ein gemeinsames Frühstück vor der Kirche hinbekommen. Die Lieder der Jugendband und der von ihnen dargestellte Lesungstext haben mir gefallen.

Schön, dass die auch da sind! Und wie sie danach auf dem Kirchhof Musik machten, mit Gitarre und Cajon. Schönes Leben!

Meine Erkältung plagte mich noch. Zwischendrin war ich ganz traurig, dass sie nicht einfach so weggeht. Aber vielleicht soll ich mir mehr Ruhe gönnen. Wunderbar war das Mittagessen, das meine Frau mit den Kindern kochte. Und am Abend die Bratäpfel! Die Jahreszeit ist jetzt zwar dunkel, aber trotzdem konnten wir es uns heute schön machen. Und immer wieder ein Lied auf unseren Lippen.

Herr, vor mir liegt ein ruhiger Abend und morgen ein Tag, vor dem ich ein wenig Angst habe, weil ich nicht weiß, was alles auf mich zukommt und ob ich die Dinge so auf die Reihe kriege, wie ich es mir vorstelle. Manchmal verzettele ich mich. Ich bitte dich, hilf mir, eins nach dem andern zu erledigen und auch, mich überraschen zu lassen. Denn du bist bei mir!«

Frank Beyersdörfer
43 Jahre, 2006–2009 kirchlicher Assistent bei den Jugendverbänden der Gemeinschaft Christlichen Lebens

Tagesrückblick – mit Kindern

zwischen Amelie (6) und Tassilo (3) im Hochbett liegend,
zwischen Struktur und offenem Gespräch,
zwischen Gebet, Stille und Gesang – und oft auch viel Gelächter:

»Wo ich gehe, wo ich stehe, bist du, lieber Gott, bei mir.
Wenn ich dich auch niemals sehe, weiß ich sicher: Du bist hier.« (*gemeinsam gesprochen*)

Halt, darf ich heute anfangen?, fragt Amelie. Ich fand schön, dass wir heute bei Clara waren, weil Clara so viele Spielsachen hat und wir unsere dann gut tauschen können. Und außerdem haben wir zusammen immer bessere Ideen als ich alleine. Ach, und dass der Weihnachtsbaum noch steht; weil ich gar nicht weiß, ob das Christkind ihn nicht irgendwann heimlich wieder abholt.
Ich will auch mal, schiebt sich Tassilo dazwischen. Dass ich heute alleine mit Omama telefoniert habe, ganz alleine. Ich bin nämlich schon groß. Und dass wir gestern keinen Unfall hatten. Und dass mein Papi so stark ist und alle Diebe verscheuchen kann. Mami, was machen wir, wenn ein Dieb kommt?
Ich hab mich heute geärgert, dass Joni beim Mittagsschlaf im Kindergarten so viel Quatsch gemacht hat, weil es dann stört. Und dass ich mich nicht traue, dann aufzustehen und der Erzieherin Bescheid zu sagen. Weil petzen will ich auch nicht.

Und ich fand doof, dass es heute schon wieder Fischstäbchen zum Mittagessen gab.
Und du, Mami? Wofür willst du heute Danke sagen?
Oh, warte mal: Für eine gute Schulstunde heute Morgen in der 9. Klasse, die sonst manchmal so wild ist. Dafür, dass es wieder geschneit hat und wir heute Nachmittag noch Schlitten fahren konnten. Und traurig bin ich oder besonders bitten möchte ich dafür, dass Papi und ich freundlicher miteinander reden.
Stimmt, das war blöd von euch heute beim Abendbrot!
Gibt es was, was wir Gott noch sagen wollen?
Lieber Gott, wir geben dir diesen Tag zurück. Danke, dass du ihn uns geschenkt hast, mit allem, was heute war. Mit allem Ärger und aller Freude. Und mit all den Menschen, die heute auf unserem Weg unterwegs waren.
Jetzt lass uns alle gut schlafen und behüte ...

Zum Abschluss singen wir noch, wobei mir selbst besonders »Der Mond ist aufgegangen« am Herzen liegt – und durch die Kinder noch einmal mehr ans Herz gewachsen ist. In der Regel sind es vier Strophen, über den Mond und so manches andere, das nur halb zu sehen ist, bis hin zum »kranken Nachbarn auch«. Vielleicht ist dieses Lied am meisten mein eigenes Abendgebet?

Elisabeth Wedding
41 Jahre alt., halb berufstätig, weitgehend allein erziehend, lange auf der Suche nach einem guten Rhythmus für eigene Gebetszeiten; und jetzt in der gefüllten Zeit mit Familie und Beruf zum ersten Mal bei einem einigermaßen regelmäßigen Abendritual angekommen

Wie ein Gespräch mit meiner besten Freundin

Zugegeben: Dieses Gebet »kann« ich nach 30 Jahren Ordensleben immer noch nicht. Im Noviziat habe ich gelernt, wie »man« dieses Gebet vollziehen sollte. Ich habe geübt und mich gelangweilt; ich habe es gelassen und mir hat etwas gefehlt; ich habe es wieder versucht und festgestellt, dass ich es »brauche«.

Ich lebe in einer Beziehung zum *Herrn* und wie in jeder Beziehung gibt es Höhen und Tiefen, schöne und beglückende Erfahrungen, aber auch Ärger und Abwehr und vor allem den Austausch.

Mein Gebet der liebenden Aufmerksamkeit ist wie ein Gespräch mit meiner besten Freundin, meinem besten Freund.

Für mich hat sich folgendes Ritual als hilfreich erwiesen:

Als Erstes räume ich meinen Schreibtisch auf, verstaue die Akten in den Schrank, schalte das Handy aus, schaue in meinen Kalender und auf meine Liste der zu erledigenden Arbeiten.

Und dann sitze ich da und warte; warte, dass mir irgendetwas einfällt, was mit diesem Tag zu tun hatte. Und versuche, mit dem *Herrn* darüber ins Gespräch zu kommen:

– Mit wem hatte ich es heute zu tun?

Ich lasse die Namen der Mitschwestern Revue passieren, mit denen ich heute im Gespräch, per E-Mail oder Telefon in Kontakt war oder deren Gesuche … ich in Händen hielt.

– Was hat mich heute gefreut, wofür will ich dir *Danke* sagen?
Ich erinnere mich an die kleinen und großen Sonnenstrahlen des Tages.

– Was/wer war heute schwer für mich zu ertragen?
Ich nehme die Lasten meines Alltags noch einmal in den Blick und lege sie dann in Gottes Hand.

Mein Gebet beende ich mit einem »Ehre sei dem Vater«. Auf dem Weg in mein Zimmer gehe ich noch in die Kapelle und »beschließe« den Tag mit dem Kreuzzeichen, mit dem ich ihn morgens auch »geöffnet« habe.

M. Gertrud Himmel CJ
54 Jahre, Generalsekretärin, seit sieben Jahren in Rom

Tagesrückblick – im Park

Mein Gott, wie sehr danke ich dir, dass ich direkt neben einem Park wohnen darf! Es gibt für mich nichts Schöneres, als am Abend diese Stille und diesen Anblick genießen zu dürfen. Ich liebe diese Wege, diese Bäume, diese Wiesen. Wie viele wunderbare Stunden durfte ich schon hier gehend verbringen! Früher sagte mir das Zwitschern der Vögel nichts, heute höre ich den Gesang der Nachtigall heraus und erfreue mich daran. In nicht allzu weiter Ferne rauscht zwar der Nachtverkehr, doch der Anblick des nächtlichen Himmels legt eine Ruhe in mein Herz, für die ich dir danke. Deine Gegenwart ist Balsam für meine Seele.
Was hat sich nicht alles heute in dieser Stadt ereignet! Und auch bei mir! Ich kriege das einfach nicht mehr zusammengefasst. Aber ich brauche es auch nicht zusammenzufassen. Du bist kein Gott, der auf penible Buchhaltung wert legt. Der Wirtschaftsprüfer, der heute im Hause war, hat mich genervt – aber das ist ja auch sein Job. Die Hälfte von dem, was er gesagt hat, habe ich eigentlich nicht verstanden. Aber das lasse ich jetzt hinter mir. Nein, ich fange jetzt nicht wieder an zu grübeln, wie ich da morgen weiterkommen soll. Ich weiß, dass du mich jetzt vom Grübeln befreien willst. Du hast kein Gefallen am Grübeln. Ich auch nicht.

Stille

Genau! Thomas und seine Mutter. Das war heute ein großes Geschenk. Ich durfte ihnen eine Hilfe sein. Die

Mutter kommt mit Thomas nicht mehr zurecht, weil sie ihm keine Grenze setzt. Es überfordert sie. Und dann das Gespräch mit Thomas. Ein Rabauke, voll in der Pubertät, misstrauisch und finster blickend, eine Liste von Tadeln und Verwarnungen, die Lehrer sind auch am Ende mit ihrem Latein. Irgendwie habe ich den richtigen Ton gefunden. Ich konnte die Grenze markieren, und am Ende strahlte der Junge. »Wir sind jetzt Freunde«, sagte ich zum Schluss. »Okay«, erwiderte er. Toll! Das Wichtigste, was es im Leben gibt, sind Menschen. Das hast du mich gelehrt. Schließlich bist du ja auch Mensch geworden. Keine Begegnung unter Menschen gelingt, wenn du nicht das entscheidende Quäntchen hinzufügst, das wir nicht machen können. In den beiden Gesprächen war es da. Ich danke dir dafür.
Wie dankbar bin ich für diese kurze Zeit des Rückblicks! Ich würde sonst versinken in den Bergen der Arbeit. Das ist auch meine größte Versuchung. Vor lauter Bäumen den Wald nicht mehr zu sehen, vor lauter Arbeit deine Geschenke zu übersehen. Habe ich heute etwas übersehen?

Stille

Nein, heute also nichts. Super. Ich erinnere mich übrigens, wie du mich vorgestern Abend darauf aufmerksam gemacht hast, dass ich einen ganzen Tag lang nicht an den kranken Mitbruder in meiner Kommunität gedacht habe. Ich habe das gestern Nachmittag sofort erledigt, bin auf sein Zimmer gegangen und habe mich nach seinem Befinden erkundigt. Dabei kam heraus, dass ihm schon die nötige Medizin gebracht worden war. So konnte ich die Helferin auch direkt anrufen und mich für die Hilfe bedanken. Und die andere Sache, die ich dauernd vermeide – das schwierige Gespräch mit der Kollegin – tja, das habe ich auch heute vermieden, aber morgen gehe ich da ran! Ich setze es auf meine Prioritätenliste.

Stille

So, jetzt sehe ich wieder das Gebäude des Kollegs. Ich danke dir für diese Zeit des Rückblicks und die Geschenke des Tages. Auf morgen blicke ich aufmerksam. Ich weiß zwar nicht, was du da für mich vorbereitet hast, aber ich weiß, dass du da etwas für mich vorbereitet hast. Ob es angenehm ist oder schmerzlich, ist zweitrangig: Wenn es aus deiner Hand kommt, wird es gut sein.

Amen

Klaus Mertes SJ
bis 2011 Rektor des Canisius-Kollegs in Berlin; seither Kollegsdirektor in St. Blasien/Schwarzwald

Besonders wichtig am Tagesrückblick ist mir: dass ich mich öffne für das, was sich mir im Tagesrückblick tatsächlich zeigt.
In den ersten Jahren hielt ich mich noch mehr an ein Schema, welches um einen vollständigen Tagesrückblick – Stunde für Stunde, Ereignis für Ereignis – bemüht war. Das war für die Zeit des Lernens auch sicherlich eine hilfreiche Übung. Sie vollzog sich meist schreibend – Tagebuch schreibend.
Doch im Laufe der Jahre merkte ich, dass es mir im Tagesrückblick mehr auf die Vollständigkeit als auf die

Begegnung mit Gott ankam. So veränderte sich für mich die Fragestellung, und ich wurde im Tagesrückblick der Empfangende. Ich löste mich auch vom Schreibtisch und begann, gehend zurückzublicken. Heute gehört der Tagesrückblick für mich besonders zu den arbeitsreichen Tagen. Im Rückblick erschließt sich ein neues Verstehen, das mir sehr wertvoll ist. Ohne den Tagesrückblick liefe ich Gefahr, bloß zu funktionieren. Und das wäre ganz traurig für alle Beteiligten, besonders aber für mich.

Um den Tag zu vollenden – Komplet

Es gibt wohl nur wenige Berufe, in denen Menschen jeden Tag so viele verschiedene Begegnungen und Erfahrungen machen dürfen, wie den Beruf, die Berufung des Bischofs. Die Besuche in den Dekanaten enthalten beispielsweise hunderte von Terminen; die Erfahrungen reichen von großen, erfüllenden Gottesdiensten und Begegnungen bis hin zu schwierigen, schier unlösbaren Problemen mit Personen und Situationen. Die Lage des Glaubens und der Kirche ist zurzeit sehr herausfordernd; neben vielen Abbrüchen gibt es aber auch hoffnungsvolle Aufbrüche.

Diese Bandbreite des Lebens im Herzen zu bewegen und auch »sich setzen« zu lassen, die »Seele nachkommen zu lassen«, dafür brauche ich die Stille des frühen Morgens und den (durchaus oft späten) Abend. Gott sei Dank habe ich im Bischofshaus eine schöne Kapelle, die ich überaus liebe. Ein großes Bild von der Brotvermehrung ermutigt mich jeden Tag: Das, was du ehrlich einbringst – und sei es noch so wenig: fünf Brote und zwei Fische – wird unter dem Segen Jesu unerwartet viel: Mein Weniges für viele!

So bringe ich mich am Abend einfach so, wie ich bin: meistens ziemlich müde, keiner großen Gedanken mehr fähig; dankbar für positive Erfahrungen, die es doch fast jeden Tag – wenn auch manchmal nur versteckt – gibt; hadernd und um Hilfe rufend in ungelösten Situationen; und einfach in der Treue eines täglichen Rituals, um den Tag zu vollenden. Deshalb bleibt für mich auch der Name dafür Komplet (completorium). Ich beende nicht einfach den Tag, sondern

vollende ihn, oder besser: Ich lasse ihn von Gott vollenden.
Immer gleich ist die Folge: kurzer Rückblick als Dank und Gewissenserforschung; Bitte um Vergebung; die Hauptteile der Komplet (auswendig); das Vaterunser; die bewusste Kniebeuge vor dem Tabernakel; der Gang zum Bild der Gottesmutter; und vom Fenster aus der Segen über das Bistum: »Herr, segne diese Stadt und dieses Bistum und alle, die darin leben, lieben und leiden; du der Vater und der Sohn und der Heilige Geist!« – All das in schwachem Licht, so dass das Ewige Licht mein letzter Blick bleibt.
Das alles ist zur festen Gewohnheit geworden, braucht keine Bücher und Texte, ist auch unterwegs nachvollziehbar – und unterwegs sind Bischöfe viel. So weiß ich, dass ich durch meine »Komplet« hineingenommen bin in seine Hand, in die Hand dessen, der »größer ist als unser Herz« (1 Joh 3,20; das ist mein bischöflicher Wahlspruch) und der seine Treue erweist in den Nächten: »Wie schön ist es, dem Herrn zu danken, deinem Namen, du Höchster, zu singen, am Morgen deine Huld zu verkünden und in den Nächten deine Treue« (Psalm 92,1).
Oft bleibt dann das letzte Wort des Tages: »Auf dich, o Herr, habe ich mein Vertrauen gesetzt. In Ewigkeit werde ich nicht zuschanden« (Te deum) oder – mit meinem großen Vorbild Niels Stensen: »Jesus, sei mir Jesus!«

Franz-Josef Bode
Bischof von Osnabrück

Gebet der liebenden Aufmerksamkeit – eines evangelischen Pfarrers

Wie gut, dass Gott Mitleid mit mir gehabt hat und mich hat Pfarrer werden lassen. Ich weiß nicht, wo ich sonst gelandet wäre. Hätte ich ohne den mehr oder weniger sanften Druck, jede Woche in einen Bibelabschnitt intensiv einzusteigen, um darüber am Sonntag predigen zu können, je einen persönlichen Zugang zur Bibel gefunden? Heute lebe ich von dem, was daraus gewachsen ist.

Und so ähnlich geht es mir auch mit dem Gebet der liebenden Aufmerksamkeit. Ich habe es vor zehn Jahren im Rahmen einer Fortbildung für Geistliche Begleitung kennengelernt. Mir ist es nahegebracht worden als eine erweiterte Form der Gewissenserforschung: Bei der Erforschung des Gewissens geht es darum, zu erkennen, wo ich schuldig geworden bin. In dieser Blickrichtung schaue ich vor allem auf das Schwierige, Negative in meinem Leben. Aber es gibt ja auch vieles, wofür ich dankbar bin oder jedenfalls sein könnte. Diese Seite bezieht das Gebet der liebenden Aufmerksamkeit mit ein. Nach der Betrachtung schließe ich ungefähr mit folgenden Worten: »Ich berge mich in dein Erbarmen – mit dem, worüber ich mich freuen konnte, was mich hat wachsen und reifen lassen – und mit dem, was wehgetan hat (mir oder anderen), was offen geblieben ist, das, von dem ich wünsche, ich hätte es lieber nicht getan.«

Ich glaube, es hat sich durch dieses Gebet wirklich etwas verändert in meinem Blick auf das Leben und damit auch in meinem Leben. Ich nehme deutlicher

wahr, was alles geschieht, und habe gelernt, auch unscheinbarere Berührungen zu achten. So können sich solche Berührungen besser entfalten. Und das wiederum macht mich dankbar.
Und doch: Wie oft kommt der Schlaf über mich, ohne dass ich auf den Tag zurückgeschaut habe. Eine Abendecke fürs Beten habe ich nicht, nur eine Morgenecke. Mehrfach habe ich mir vorgenommen, daran etwas zu ändern. Richtig gelungen ist es mir nie. Nur auf größere Zeitabschnitte schaue ich einigermaßen regelmäßig zurück.
Und doch: Gar nicht so selten merke ich, dass dieses Gebet sich ganz von alleine vor dem Einschlafen einstellt. Wenigstens einige Erlebnisse, die mich berührt haben, leuchten auf, und ich kann sie Gott übergeben. Wahrscheinlich ist das nur möglich, weil ich immer wieder andere Menschen und Gruppen zu diesem Gebet einlade. Wie gut, dass Gott mich hat Pfarrer werden lassen …

Heiner Bludau
Pfarrer der Evangelisch-Lutherischen Landeskirche Sachsens, 2000–2010 Leiter des Hauses der Stille Grumbach, jetzt Gemeindepfarrer in Turin

Allianz-Gebet – Wir Beide

Was passiert, wenn eine Hausfrau und Mutter mitten im Leben in das Schwimmbad der ignatianischen Spiritualität fällt? Sie schwimmt sich frei ... Klar, dass das nicht von heute auf morgen passiert. Ganz langsam wurde der Wunsch nach einem Ruhepunkt in meinem Leben stärker, mir Zeit zu nehmen für Gott und mich, unsere Verbindung wachsen zu lassen. Und wenn man sucht, findet man! Ich stieß auf das Allianz-Gebet. Die Kurzfassung sieht so aus: Danke – Pardon – Wir beide bis morgen.
So hört sich mein Gebet an, wenn ich nach einem langen Tag todmüde ins Bett falle und nicht mehr in der Lage bin, irgendetwas Klares von mir zu geben.
Es kann aber auch anders sein:
Herr, ich danke dir für den heutigen Tag, den ich von dir empfangen habe. Ich habe auf die Zeile aus dem Vater Unser vertraut: Unser tägliches Brot gib uns heute, ich meine, du wirst mir nicht mehr aufladen als das, was ich gerade noch schaffen kann.
Und ich habe es gerade noch geschafft, mich nicht über die Unverschämtheit von René zu ärgern, der nur verlangen kann, so ist er eben, ich werde ihn nicht ändern können. Es war sehr schön, dass die Sitzung morgens so gut verlaufen ist und wir zu einem sehr tiefen Gespräch kamen, eine richtige Sternstunde. Es ist mir gelungen, Zeit aufzubringen für die Menschen, die ich zufällig traf, statt sie einfach abzuwimmeln. Ich übergebe dir unsere Obdachlosen, die nachts im Stadtpark überleben, mit uns Kaffee trinken und uns vertrauen – jetzt musst du dich um sie kümmern.

Herr, es ist mir nicht gelungen, meine Ungeduld zu beherrschen, ich habe beim Schlangestehen wieder gemeckert, beim Autofahren fürchterliche Flüche von mir gegeben und mich schwarz geärgert, weil Sylvie schon zum dritten Mal nicht zu dem ausgemachten Termin gekommen ist. Ich verspreche dir ständig, mich besser in den Griff zu bekommen – immer diese leeren Versprechungen! Also ich versuche es noch mal ... und ich bin sicher, dass du mir da mehr zutraust als ich mir selbst. Und ich habe mir wieder unnützerweise Sorgen gemacht – um die Kinder und was so im täglichen Leben anfällt, schön sinnlos wie üblich.
Herr, der morgige Tag ist so vollgestopft, dass ich am liebsten im Bett bleiben oder ins Kino ausweichen würde. Gewähre mir deine Zuversicht. Lass mich deiner Anwesenheit bewusst sein, das hilft mir, den Tag ruhig abzuwickeln, voll da zu sein und nicht nur so zu tun, zu geben, was ich geben kann. Hilf mir, mich nicht zu ernst zu nehmen, meinen Humor nicht zu verlieren oder zu glauben, nur ich könnte diese oder jene Situation retten. Hilf mir, nicht zu vergessen, dass wir immer mindestens zu dritt sind: du, der Gesprächspartner und ich – dann kann es nur gut gehen.
... Und das mit mehr oder weniger liebevollen Varianten – wie das Leben eben ist. Aber im Laufe der Jahre ist eine feste Verbindung entstanden zu Gott, Vertrauen und Vertrautheit, viel Humor und Zuversicht, Dankbarkeit und Selbstverständlichkeit.

Monika Sander
70 Jahre, Witwe, drei Kinder, sieben Enkelkinder, ehrenamtliche Sozialarbeiterin, lebt in Frankreich

Mein Herr und mein Gott!

56-jähriger Vater und Großvater, Ingenieur, Thüringen; am Abend seiner Entlassung nach 17-jähriger Betriebszugehörigkeit

Ich kann nicht beten

Es ist so hart.
Konntest du das nicht verhindern?

60-jährige Frau nach dem Krebstod ihrer 34-jährigen Tochter, die ihren Mann und zwei kleine Kinder hinterlässt

Es begann auf einem Blatt Papier

Ich war 16 oder 17 Jahre alt, als ich in der Pfarrbücherei Ignatius' »Geistliche Übungen« als Buch in die Hände bekam und mich hineinarbeitete. Das war nicht leicht und ich stieß mich sehr an den militärischen Formulierungen des baskischen Offiziers. Und doch kam ich von der Spiritualität dieses psychologisch hochbegnadeten Seelenführers nie wieder los.

Es begann mit dem Tagesrückblick auf einem Blatt Papier: rechts, was gut gegangen war; links, was nicht so geglückt war. Das habe ich dann Gott in die Hände gelegt und gut geschlafen. Morgen war ja ein neuer Tag mit neuen Chancen. Später folgte im Rahmen der Exerzitien die Einübung in die »Unterscheidung der Geister«: Was hat mich heute, in der letzten Woche, im letzten Monat, Jahr … zu mehr innerer Freiheit und Frieden mit mir, den anderen und Gott geführt? Was stand diesem Weg entgegen? Was hat mich geblockt oder zurückgeworfen?

Eine weitere Bereicherung dieses »Examens« waren das Kennenlernen der spirituellen Typenlehre des Enneagramms, die Erkenntnisse der Tiefenpsychologie sowie die Ergänzung durch die geistliche Tiefe östlicher Weisheitslehren und -praktiken (z.B. Pater E. Lassalle, Pater A. de Mello, Pater S. Painadath).

Heute beschränkt sich mein Gebet oft auf ein Innehalten und Hineinspüren in den Raum der Stille in mir und um mich und im Blick auf die täglichen Katastrophen- und Kriegsmeldungen aus aller Welt auf eine tiefe Dankbarkeit, dass ich wieder einen Tag im Frieden und im Dasein für meine Patienten und meine Familie erleben durfte.

Mir ist sehr bewusst, dass das nicht selbstverständlich ist und auch nicht mein Verdienst.
Und so lege ich wieder mich, meine Sorgen und Ängste hoffend in Gottes Hand.

Elisabeth Maulhardt
60 Jahre, Augenärztin, verheiratet, zwei Kinder, vier Enkelkinder

Mit Gott auf du und du

Das Tagwerk ist geschafft und auch ich bin geschafft! Äußerlich habe ich schon wohlige Bettruhe gefunden, doch innerlich bin ich noch aufgewühlt.
Ich will den Tag noch bedenken und ihn mit dir, Gott, als meinem Vater, beschließen.
Der Tag war wieder angefüllt mit Aufgaben bis an den Rand. Was war nicht alles zu bedenken, zu organisieren, zu entscheiden und, und, und … Stress und Hektik waren nicht zu vermeiden bis hin zu dem Gefühl, nicht zu leben, sondern gelebt zu werden. Durch die unendlichen Möglichkeiten, Informationen, Einflüsse erlebe ich innere Zerrissenheit. So will ich mit dir, meinem Vater, meine Gedanken ordnen und nachspüren, was deine Maßstäbe sind, was im Leben zählt, was wirklich wichtig ist. Bitte, Gott Vater, hilf mir dabei, deinen Willen zu erkennen und zu versuchen, mein Leben danach auszurichten.
Besonders bewegen mich wieder die aus gesundheitlichen Gründen oft unvermeidlichen Konfliktsituationen mit unserer Tochter. Ich erlebe meine, unsere Ohnmacht als Eltern. Die Frage nach dem Warum will sich immer neu anschleichen. Mein Vater, ich will nicht kleingläubig sein, denn an wen außer dich sollen wir uns mit unserer Not und Klage wenden? Ich bitte dich um Kraft und Hilfe für mich und meine Familie. Lass auch unsere Tochter einen Sinn in ihrem Leben finden. Hilf mir, dass ich immer fester vertrauen kann, dass du wie ein guter Vater im Leben und auch im Sterben für mich, für uns sorgen wirst.
Mein Vater, ich will auch nicht vergessen, dir bewusst

für alles Gute an diesem Tag, ja in meinem ganzen Leben zu danken. Gott, ich lege nun alles in deine Hände zurück und mein ganzes Vertrauen auf dich. Ich spüre, wie sich alles Aufgewühlte langsam setzt, sich innere Ruhe und das Gefühl einer großen Geborgenheit ausbreitet. Ich bitte dich, mir und den mir Anvertrauten eine gute Nacht zu schenken, um mit neuer Kraft und deiner Hilfe den neuen Tag zu erwarten.

54 Jahre, verheiratet, 54 Jahre, Mutter dreier erwachsener Kinder, eines mit Handicap, gemeinsam mit dem Ehepartner in der Kommunalpolitik engagiert

Das entlastet meine Seele

Jesus, wieder habe ich einen Tag als Geschenk von dir empfangen dürfen. Ich danke für deine Gnade, die mich heute begleitet hat, danke für die geschenkte Lebenszeit.

Habe ich heute etwas von deiner Liebe weitergeschenkt? Wenn ich an heute Mittag zurückdenke, ja, da reagierte ich sehr empfindlich und heftig, als E. auf das Thema zu sprechen kam, welches ich gern vor mir herschiebe. Wenn sie davon anfängt, setzt mich das jedes Mal unter Druck, weil ich ausweichen will. Ich bitte dich: Verzeih mir diese Lieblosigkeit. Es tut mir leid, wenn ich den Menschen, den ich liebe und von dem ich geliebt werde, so heftig mit Worten vor den Kopf stoße. Aber du hast mich doch so geschaffen, dass ich derart reagiere! Hilf mir, unverdrossen an diesen meinen Ecken und Kanten weiterzuarbeiten. Ich will es mit deiner Hilfe. Ich bitte dich um Kraft, mich mit Mut und Zuversicht dem Thema Elternhaus zu stellen. Ich ahne schon, dass ich letztlich nicht ausweichen kann. Nimm die Verzagtheit von mir. Ich halte dir mein Unvermögen vertrauensvoll hin!

In dieser Stunde bringe ich auch meine größte Sorge zu dir. Du kennst das, was mich zutiefst bewegt, manchmal zerreißt es mir fast das Herz, wenn ich an diese Familie denke. Denn meine Ohnmacht, nicht helfen zu können, drückt mich gerade jetzt wieder nieder. Ich lege diese Sorge vertrauensvoll dir ans Herz, damit ich beruhigt schlafen kann.

Nun beschließe ich im Vertrauen auf deinen Schutz diesen Tag und erbitte aus deiner Hand die Gnade, am nächsten Morgen frohgemut erwachen zu dürfen. Amen.

Nachbemerkung:
Ich bin 63 Jahre alt, 38 Jahre verheiratet, zwei Kinder, vier Enkelkinder, Dipl.-Ing., Rentner, seit 1999 onkologisch erkrankt.

Wieso ist der Tagesrückblick, ebenso wie der Dank am Morgen zu Beginn des neuen Tages, für mich wichtig?
Seit meiner Kindheit und Jugendzeit ist es für mich selbstverständlich, mein Abendgebet und (gelegentlich) Morgengebet mit festen Gebeten zu »verrichten«. Im Laufe meiner persönlichen Entwicklung änderte sich behutsam über mehrere Phasen mein Gottesbild, bis sich, angeregt durch das »Jesusgebet«, eine persönliche Beziehung zu Jesus entwickelte, die mich trägt. Ich kann mit Jesus sprechen wie mit einem vertrauten Freund. Mit Jesus bespreche ich das Geschehene und schaue es unter seinem Blick an. Ihm kann ich alle meine Sorgen und Nöte mitteilen oder auch ohne Worte einfach still vor ihm einfach da sein. Das entlastet meine Seele. Jesus war in den schwersten Stunden meiner Krankheit mein Rettungsanker.
Für mich ist die Zeit vor dem Einschlafen die beste Zeit, in Ruhe den Tag anzuschauen. Allerdings ist nicht selten die Müdigkeit stärker als der Wille. Dann schaue ich am nächsten Morgen zuerst zurück auf den vergangenen Tag, bevor ich mich dem neuen Tag zuwende.
Das Gespräch mit Jesus ermutigt mich zum Leben. Ich will danken, weil ich jeden Tag als Geschenk erlebe. Das prägt seit einigen Jahren mein Leben.

All-mit-täglich

Jesus,
jetzt bin ich hier –
vor dir, mit dir.

Es fiel mit wieder mal schwer, mich loszureißen. Nicht dass da ein Termin wartete, sondern es ist einfach dieses Weitermachen, so im Schwung von einem zum nächsten.
Einerseits geht mir manchmal die Luft aus, andererseits ist es das Leichtere, wenn's einfach so weitergeht.
Aber jetzt bin ich hier – will mich einfach deiner Nähe und Liebe aussetzen.
Lass mich ein paar Minuten ausruhen in der Gewissheit: Du bist hier, ich bin hier – das genügt.

– Stille –

Hilf mir, zu erkennen, wo du mich eingeladen hast, dir, deinen Impulsen, deinem Geist Raum zu geben.

Erstaunlich, was die Bemerkung vorhin ausgelöst hat an Bewegung, als ich dem Impuls – ich glaube, er war von dir – getraut und ihn zugelassen habe.
Beim Telefonat vorhin war ich mit meinen Gedanken ganz woanders – schade, den anderen habe ich eigentlich gar nicht wahrgenommen.
Wirke du Heil aus dem Unheil, das ich verursacht habe.

Jesus, es tut gut, einfach so bei dir zu sein und dich auf alles schauen zu lassen.
Jetzt könnte ich noch lange hier »aushalten«, aber gleich ist das nächste Gespräch.

Lass dich nicht hindern durch das Durcheinander in mir, durch das Viele, das ansteht, das weitertreibt – Komm durch mit deinen Hinweisen, wohin der nächste Schritt zum Leben führt.
Danke, dass ich mal wieder bei dir durchatmen konnte.

54 Jahre, Freiberuflerin, in Begleitung und Beratung für Einzelne und Gemeinschaften tätig, GCL-Mitglied

Es hat lang gebraucht, bis ich es mir gönnte, mittags für 15–20 Minuten den Alltag zu unterbrechen. 5–8 Minuten Dasein in Seiner Gegenwart, ein wenig Rückschau, ein paar Momente Vorausblick.
Diese Pause ist wirklich Kraft spendend und ermutigend.

Confidently Let God Act – vertrauensvoll Gott wirken lassen

In meiner persönlichen Praxis mit dem »Examen« habe ich viele Segensgaben geschenkt bekommen, wenn ich gezielt für erhaltene Wohltaten danke. Jahrelang allzu leicht auf das konzentriert, was ich glaubte ändern zu müssen, habe ich persönliche Verfehlungen gesammelt, als ob ich mich mit ein bisschen mehr Mühe zur Perfektion bringen und die Konstruktionsfehler in Gottes Werk beheben könnte. Eines Tages fing ich einfach an, für die Ereignisse und Umstände des Tages zu danken, und wurde überwältigt von Ehrfurcht und Freude über die wundersamen Wege von Gottes Wirken im Alltag.

Heute sind die paar Minuten, die ich mir jede Nacht vor dem Ausschalten des PC nehme, eine wundervolle Zeit, die Gaben zusammenzuschreiben, die mir an diesem endenden Tag geschenkt wurden. Das »Examen« zu beten ist nicht länger eine weitere Pflicht in einem geschäftigen Tag, es wird immer mehr zu einer Quelle der Freude, weil ich die liebende Gegenwart des Einen erkenne, der nur das Beste für mich will. Der nie aufhört mich zu beschenken, dessen Liebe und Lebendigkeit durch mich für andere fließt. Reue und Besserung tauchen immer einmal auf, aber sie zeigen sich eher von selbst, als dass sie Folge meiner Suche wären. Veränderung ist meine Antwort an den Einen, der mich mehr und mehr segnen will.

Zur gleichen Zeit entdeckte ich das Examen als starkes Instrument, gemeinsam mit anderen Aufgaben voranzubringen. Als mein Team anfing, das Examen als Evaluationsmethode der Treffen zu nutzen, veränderte sich der Stil des Vorgehens und der Entscheidungen. Die Methode ist einfach. Die letzten zehn Minuten des Treffens fragen wir uns, für welche Geschehnisse wir dankbar sind, welche Schwierigkeiten und Hindernisse sich zeigten und was uns Gott durch diese Bewegungen vielleicht sagen möchte.

Der gezielte Blick darauf, wo wir positive und negative Energie erlebten, und die anschließende Frage, was die Energie bedeuten könnte, begann die Bewältigung der Arbeit leichter zu machen. Wir entwickelten mehr Wertschätzung für die verschiedenen Beiträge jedes Einzelnen in der Gruppe. Statt der Lobbyarbeit für eine persönlich befriedigende Lösung fingen wir an, nach dem Weg Gottes zu fragen. Wir hörten einander sorgfältiger zu, deuteten positiv, was die anderen sagten. Wir fanden Wege, gute Beiträge der anderen zu integrieren, und wir entdeckten Wege, Probleme zu entschärfen, die andere aufwarfen. Die daraus erwachsenen Entscheidungen wurden befriedigender, praktischer, umsetzbarer.

Einzelheiten, die den einen bedeutungslos, den anderen hochrelevant erschienen, wurden Orte, an denen sich Gott als leitend, inspirierend, herausfordernd, anziehend und einladend bemerkbar machte. Entscheidungen wurden offensichtlicher das Werk des Geistes als zerbrechliche Pläne in menschlicher Fehlbarkeit. Unser Vertrauen wuchs, dass Gott uns zu einem guten Ziel führen würde, wenn wir demütig, aber mutig auf die uns gebotenen Einladungen eingingen. Wir fingen an, uns auf die Treffen zu freuen als privilegierte Zeiten der Verehrung für Gottes Anwesenheit und Handeln zwischen uns und in uns. Im Lauf der Zeit wurden wir effektiver und effizienter, aber auf zutiefst anderen Wegen, als je einer von uns erwartet hätte.

Zugestanden – nicht jede Gruppe will und kann am Ende eines Treffens ein paar Minuten auf das Gebet verwenden. Dennoch, ein paar Minuten für die Besinnung auf das Handeln des Herrn aufzuwenden, besonders wenn es ein konflikthaftes oder schwieriges Treffen war, brachte mich in die Lage, gelassen und zuversichtlich weiterzugehen. Im Wissen, so gebetet zu haben, als ob alles von Gott abhinge, tue ich leichter das Wenige, zu dem ich in der Lage bin, und im Wissen, dass ich gebetet habe, als ob alles von mir abhinge, lasse ich Gott mit mehr Vertrauen tun, was er für passend hält.

James E. Grummer SJ
seit 1972 Mitglied der Provinz Wisconsin des Jesuitenordens. Nach Lehrtätigkeiten auf Ober- und Hochschulebene in Omaha, Nebraska, wurde er Sozius des Provinzials und 2001 Provinzial der Provinz Wisconsin. Seit 2005 arbeitet er in der Zentrale des Jesuitenordens in Rom als Berater für den Generaloberen

Heilige Momente

Auf dem Weg zum Büro, zur Besprechung ... ist ein heiliger Moment manchmal einfach da. Ein heiliger Raum der Freude, des Bei-mir-Ankommens. Ich schaue auf Gott und beginne genauer zu spüren. Meist ist der Moment gleich wieder vorüber, aber die Einladung zurückzukommen klingt noch nach.
Nicht selten greife ich dann den Faden in der nächsten Pause auf, offensiv. Ich suche Distanz und verweile vor Gott, einfach so. Dann steigen Erlebnisse in mir hoch: Die angenehme Begegnung mit einem Menschen lasse ich vor den Herrn fließen, eine unangenehme Frage bedarf der Einordnung, vielleicht sogar einer Entscheidung. Nicht selten verliere ich den Faden der Wahrnehmung wieder und die Pause endet unbewusst in der Ablenkung, bis zum nächsten heiligen Moment. Spätestens am Ende des Tages nach dem Abendessen ist eine reservierte Zeit, in der ich meine Frau frage: Bist du zufrieden mit dem heutigen Tag? Eine Frage, die ich auch ihr beantworte, manchmal mehr sachlich, manchmal bewusster vor Gott. Zum Schluss bleibt die Entscheidung über den Lebensfaden, den ich morgen früh wieder aufgreifen möchte: Vielleicht die Wiederentdeckung der Langsamkeit ...?
Die Ordnung ist mir eine Lebensquelle und so glaube ich, dass Gott mir deshalb das Gebet des Tagesrückblicks schon früh im Leben geschenkt hat. Aber als ob dies nicht genug wäre, hat *er* mit der Zeit aus einem konsequent gelebten Gebet mit klarer Struktur ein Gebet aus heiligen Momenten wachsen lassen.

Baudirektor, 46 Jahre, verheiratet, ein Kind

Tagesauswertung zu zweit

Im ersten Teil schauen wir, meine Frau und ich, zurück auf den Tag. Das gemeinsame Anschauen bringt mir mehr Ordnung und Zuverlässigkeit in diese Übung, als wenn ich sie alleine täte.
Oft gibt einige es Ereignisse, wofür wir danken können. Manchmal rechtfertige ich schon während des Tages mein Verhalten in einer bestimmten Situation. Schildere ich diese dann meiner Frau, merke ich schon beim Aussprechen eine Klärung und Erleichterung. Wenn ich dann noch ihren Kommentar erhalte, wird mir klar, ob ich mein Verhalten so ruhig stehen lassen kann, meinen Fehler zugeben muss oder ich etwas nachbessern soll.
Auch der Rückblick auf meine Meditationszeit ist mir wichtig. Immer war ich mehr in Gedanken als in der Wahrnehmung. Ich darf auch nach Jahrzehnten der Übung ein Anfänger bleiben. Trotzdem ahne ich manchmal etwas von *seiner* Anwesenheit und Führung. Grundsätzlich frage ich bei allen Ereignissen, wie dabei wohl Reich Gottes geschieht. Was könnte der Sinn unterhalb der Sachebene sein und was will *er* mir vielleicht klarmachen.
Im zweiten Teil bitten wir für unsere Kinder und Enkel, für unseren Betrieb, für Menschen in Not, schließlich auch für unsere Mächtigen. Manchmal bin ich gefährdet, den kleinen Schatz der Auswertung durch etwas fernsehen wieder zu zerstreuen.

Josef Erbacher
geb. 1940, bis 2000 Geschäftsführer und haftender Unternehmer, verheiratet, vier Kinder, 14 Enkel

Das Gebet der liebenden Aufmerksamkeit – grafisch

Das Gebet der liebenden Aufmerksamkeit lässt sich, wie auf den nächsten beiden Seiten dargestellt, auch mit einer grafischen Methode beten:

Richard Rohr vermittelt in seinem Buch »Pure Präsenz« drei Blickweisen auf die Welt, die aufeinander aufbauen. Diese habe ich daher in konzentrischen Kreisen dargestellt. Der jeweils äußere Kreis umschließt und ergänzt den inneren Kreis, ohne ihn zu verändern und ohne ihn als falsch darzustellen.

Innerer Kreis: Wahrnehmen, was stattgefunden hat:
Beim Tagesrückblick betrachte ich zuerst die Stunden des Tages, wie ich die nach und nach gefüllt habe. Zuerst die großen Blöcke des Tages (z.B. Arbeit), dann kann ich hier einzelne Ereignisse detaillieren (z.B. eine Besprechung).

Innerer Ring: Analysieren und Verstehen:
Welche Punkte/Zeiten des Tages waren zufriedenstellend? Die kann ich abhaken und sie brauchen mich nicht weiter zu beschäftigen.
Welche Punkte des Tages waren nicht in sich abgeschlossen? Ihre Inhalte nehme ich mit in neue Tage, aber über Nacht darf ich sie ruhen lassen (Pfeile).
Was ist nicht gut gegangen, so dass ich es gleich noch einmal anschauen möchte? (Markierung mit Kreuz)

Äußerer Ring:
In dem äußeren Ring sehe ich weiter: Das sinnlich Wahrgenommene des ersten Rings ist wahr und richtig. Die Interpretationen meines Verstandes haben ihren festen Platz und helfen mir, die Welt zu verstehen. Alles im ersten und zweiten Ring lasse ich stehen und nehme es an, wie es in der Welt ist. Nichts soll verleugnet, uminterpretiert oder verändert werden. Der äußere Ring erhebt mich förmlich über die Begrenztheit dieser Welt und schenkt mir den Hauch einer göttlichen Perspektive:
Wo habe ich heute Gottes Zeichen in der Welt gesehen?
Hat Gott Wunder vollbracht? Ist etwas passiert, was ich aus eigener Kraft niemals geschafft hätte? Vielleicht ist das durch Zufälle und Stimmungen im inneren Ring erklärbar, ich aber sehe die Hand Gottes in meinem Leben.
Bin ich den Zeichen, den Fügungen, die Gott so gesetzt hat, gefolgt? Oder habe ich aus eigener Kraft »mein Ding« durchgezogen, wider alle Fügung?
Wo bin ich wieder in die üblichen Fallen getappt, obwohl ich es schon so oft anders machen wollte?

Zum Schluss darf ich mich im Psalm 91,15 mit Gott versöhnen und morgen wieder Kraft und Schutz von ihm erhoffen:
»Wenn er mich anruft, dann will ich ihn erhören. Ich bin bei ihm in der Not, befreie ihn und bringe ihn zu Ehren. Ich sättige ihn mit langem Leben und lasse ihn schauen mein Heil.«

MJK
Ingenieur im Management eines gr. Wirtschaftsunternehmens

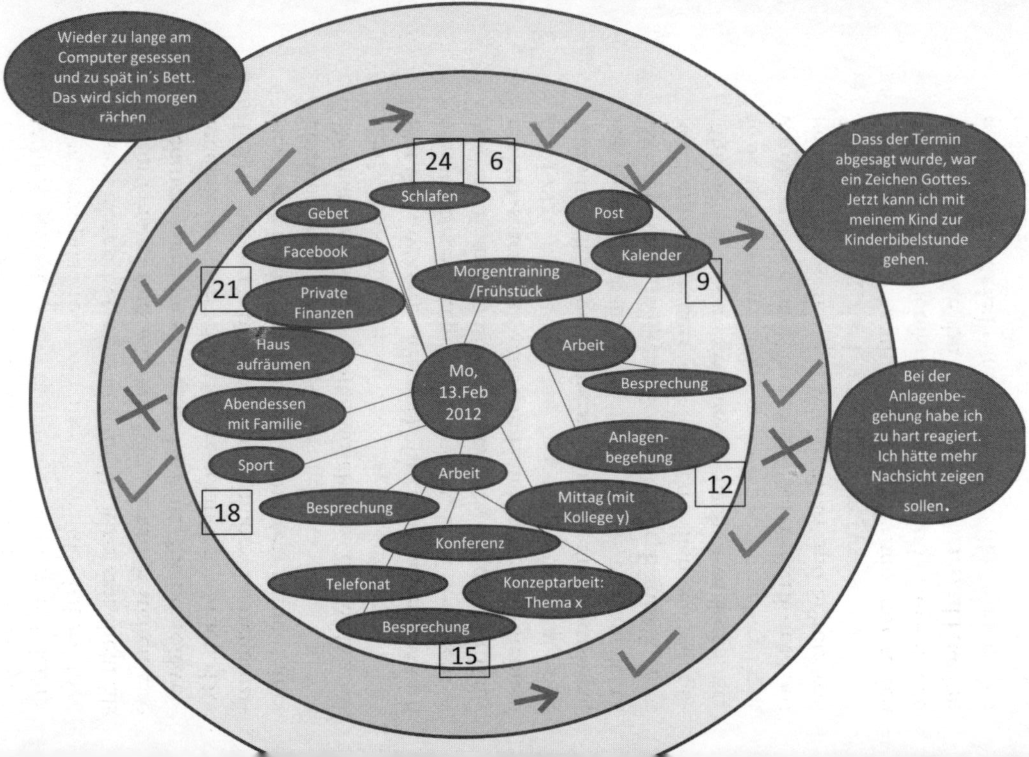
Wieder zu lange am Computer gesessen und zu spät in´s Bett. Das wird sich morgen rächen
24
6
Schlafen
Gebet
Facebook
21
Private Finanzen
Haus aufräumen
Abendessen mit Familie
Sport
18
Besprechung
Arbeit
Mo, 13.Feb 2012
Morgentraining /Frühstück
Post
Kalender
9
Arbeit
Besprechung
Anlagen-begehung
12
Mittag (mit Kollege y)
Konferenz
Telefonat
Konzeptarbeit: Thema x
Besprechung
15
Dass der Termin abgesagt wurde, war ein Zeichen Gottes. Jetzt kann ich mit meinem Kind zur Kinderbibelstunde gehen.
Bei der Anlagenbe-gehung habe ich zu hart reagiert. Ich hätte mehr Nachsicht zeigen sollen.

Tagesschau

Einen Fernseher habe ich nicht. Aber seit mehr als zehn Jahren weiß ich, was Tagesschau heißen kann, denn in meinen ersten Ignatianischen Exerzitien lernte ich sie kennen.

Tagesschau heißt für mich, auf den zur Neige gehenden Tag zurückzublicken. Ich erinnere mich und werde erinnert an Wichtiges, Wesentliches dieses Tages.

»Meine Tagesschau« ist Reality-TV vom Feinsten, exklusiv zugeschnitten auf das, was mir guttut.

Am Abend, wenn die Ruhe ins Haus einkehrt und meine »Betriebstemperatur« sinkt, kommen die Augenblicke, in Stille der geschenkten Zeit nachzuspüren. Ich setze mich auf mein Kniebänkchen, entzünde die Kerze und wenn der Ton der Klangschale den Raum erfüllt, beginnt vor meinen Augen aufzusteigen, was heute geschah.

Welche Worte, welche Gesten und Episoden kehren noch einmal wieder?

Was hat mich heute Morgen so heiter sein lassen: der malerische Sonnenaufgang, der Kuss mit meiner Frau, das Wort in der Morgenandacht? Ich verweile und gehe dem nach.

Wie beschwingt die Dienstberatung gewesen ist ...

Mein Gedankenkreisel wegen des Termins am Nachmittag war völlig unnötig.

In meinem dankbaren Erinnern und Beten fällt mir oft ein Wort aus dem Psalm 23 ein: »und führet mich zum frischen Wasser«. Wie ein Verweilen an der Quelle des Lebens ist mir diese Zeit meiner Tagesschau. Ich labe mich an dem Köstlichen des Tages.

In einfachen, scheinbar täglich wiederkehrenden Geschehnissen liegen für mich oft die Geheimnisse, die Gott offenbart. Gott spricht zu mir leise, zärtlich und behutsam. Ich finde, so ist die Sprache der Liebe. (M)ein Staunen und Lauschen ermöglichen mir, *ihn* zu hören.

Ich beobachte, dass nach Abenden, an denen meine Tagesschau ungesehen bleibt, das Gefühl da ist, dass »irgendetwas« fehlt, als wäre meine Zeit dieses Tages noch nicht in seinen Händen und mein Träumen in der Nacht ist geringer.

O Herr, ich danke dir für diesen einmaligen Tag.

Wunderbar sind deine Werke, das erkennt meine Seele.

Vergib mir bitte, wenn ich, der ich dir gehöre, dich nicht gehört habe.

Du kennst mich, auch wenn ich dich heute in manchem nicht erkannte.

Herr, bitte führe mich auch morgen zum frischen Wasser.

Pfarrer, verheiratet, vier Kinder, 51 Jahre

Mach du es, Herr!

Herr, es ist manchmal zum Verzweifeln:
Ich weiß doch, wie sehr ich dich brauche
und wie gut es mir tut,
wenigstens eine Viertelstunde bei dir auszuruhen.
Aber dann bin ich vom Tag so geschlaucht,
dass ich zu nichts anderem mehr fähig bin,
als einfach nur abzuhängen.

Vergib' mir, Herr, dass ich nicht anders kann.
Und mach' du, was ich nicht kann:
Hol' mich heraus aus meiner Erschöpfung,
zieh' mich in deine Gegenwart.
So wie jetzt, in diesem Moment.

Lass mich den zurückliegenden Tag in deinem Licht sehen:
Ja, da war viel Stress,
viel Ärger und Enttäuschung.
Warum ist der Alltag in deiner Kirche so ungeistlich?
Warum gehen wir miteinander so hartherzig um, so lieblos?
Es tut mir richtig weh,
wie ich angegriffen worden bin.
Kritik kann ich gar nicht aushalten.
Habe ich deshalb so gereizt reagiert?

Ich bin erschöpft, überarbeitet.
Das ist nicht gut –
ich bin dann einfach genervt,
werde ungerecht anderen gegenüber.

Vergib' mir, Herr.
Und hol' mich heraus aus der Tretmühle,
lass mich auch das Gute sehen,
und schenk' mir Mut, mehr für mich zu sorgen.

Ach ja, es gab doch auch ein paar wirklich schöne Momente:
Das offene Gespräch heute Nachmittag mit dem Kollegen,
das tolle Kompliment auf meine Predigt vom Wochenende.
Und dann die zufällige Begegnung mit den Leuten,
die ich von meiner früheren Stelle her noch kenne.
Es gibt doch viele Menschen, die mich schätzen und sehr gern haben.
Mehr, als ich manchmal glaube.
Das tut einfach gut.

Das sind Geschenke von dir, Herr.
Geschenke, die mir Mut machen.
Der Moment jetzt ist auch ein Geschenk von dir:
Ich habe doch die Zeit gefunden,
vor dir da zu sein –
und spüre, wie sich die Erschöpfung legt
in deiner Gegenwart.
Danke, Herr.

Klaus Pfeffer
45 Jahre, Priester in leitender Verantwortung im Bistum Essen

Die Sehnsucht nach dem betenden Tagesrückblick kenne ich täglich, im Stress des Alltags geht sie viel zu oft unter; aber wenn die Gebetszeit denn gelingt – oft täglich, mal abends, mal morgens oder auch mal irgendwann zwischendurch –, dann tut sie immer gut. Wichtig ist mir dabei ein Bild Christi, seit ein paar Jahren das San-Damiano-Kreuz, davor das Licht einer Kerze. Manchmal bin ich einfach nur da und lasse meine Gedanken in seiner Gegenwart ziehen. Dann muss es reichen, einfach da zu sein. Und wenn ich ganz am Ende mit meiner Kraft bin, dann denke ich an mein Lieblingsgebet aus den Exerzitien: »Mach' du es, Herr!«

Jesus' Blood Never Failed Me Yet

(frei: Jesu Blut hat mich trotzdem nie verfehlt)

Liedvers eines Obdachlosen in London 1971, während eines Filmprojekts zufällig mitgeschnitten und durch die musikalische Fassung von Gavin Bryars bekannt geworden

Hier bin ich

Viele Jahre habe ich das »Gebet der liebenden Aufmerksamkeit« als Nachtgebet gesprochen. Ich war dankbar für die Form, wie sie P. Willi Lambert vermittelt hat. Persönliche Anliegen konnte ich gut einfügen und mich in »Dürrezeiten« daran festhalten.
Mit zunehmendem Alter veränderte sich die Ordnung des Gebetes. Die ausführlichen Anreden Gottes gingen zurück, die eigene Zustandsbeschreibung fiel aus, ich unterließ die Gewissenserforschung (die hatte ihren Platz vor der Beichte). Das stille Gott-Hinhalten des vergangenen Tages nahm mehr und mehr Raum ein. Auch die Bitten wurden weniger, weil das Vertrauen, dass alles bei *ihm* aufgehoben ist, wuchs, tiefer und größer wurde als alle Worte.
Es ist für mich ein Geschenk, dass ich am Ende des Tages vor Gott still werden darf. In seiner Nähe muss ich nichts mehr bedenken, benennen. Er ist da, ich bin da, und das genügt.
Jede Nacht kann die letzte im Leben sein. Mit diesem Wissen bleibe ich bei ihm, der meine Zeit in seinen Händen hält.
Hier bin ich, lieber Gott.
Lass mich mit allem, was der Tag brachte, bei dir zur Ruhe kommen. Und nimm mich auf bei dir, wenn du mich aus dem Leben rufst.

Marie-Luise Hentzelt
79 Jahre, Sozialarbeiterin, seit 54 Jahren Frau eines Pastors, Mutter und Großmutter

Gebet der liebenden Aufmerksamkeit – traumtief im Garten

Ich erinnere mich noch sehr gut jenes Dienstagabends vor ziemlich genau fünf Jahren; an jenes tiefe Glücksgefühl, das ich damals empfunden hatte: Du wirst geliebt! Du wirst so angenommen, wie du bist. Du musst nichts hinzufügen, nichts machen, nichts erzwingen; du bist aufgehoben im Vertrauen auf Gott und zu den Menschen, eingebettet in deren Liebe. Da gibt's überhaupt keinen Zweifel. Du musst nur genau hinschauen, hinhören, hinspüren.
Du brauchst keine Angst zu haben.
Seit diesem Dienstagabend in einer GCL-Gruppe, als ich mich zum ersten Mal in das »Gebet der liebenden Aufmerksamkeit« fallen ließ, hat sich mein Leben verändert. Ich weiß, das klingt pathetisch, abgegriffen, aber es trifft es. Natürlich war es kein Urknall-Erlebnis etwa von jener Art, das den Saulus zu Paulus machte. Aber es war, wenn ich es rückblickend betrachte, als hätte ich eine Weggabelung erreicht, so wie ein Zug auf eine Weiche fährt, die dann umspringt und der Lokomotive eine andere Richtung gibt.
Der Weg meiner »Lokomotive« war bis dahin: Leistung, um Anerkennung zu bekommen, die erwartete Rolle spielen, um angenommen zu werden, die wahren Gefühle drosseln und filtern, um die Zuneigung nicht zu gefährden, immer rastlos Beschäftigung suchen, um nicht das Defizit zu spüren.
Ich habe lange mit meiner frühen Kindheit gehadert, wo dieses Misstrauen ins Dasein seine Wurzeln hat. Meine Wut darauf war sicher unerlässlich, weiterge-

bracht hat sie mich nicht. Was mir geholfen hat: die späte Erkenntnis, dass negative Erlebnisse und Lebensphasen Anstoß sein können, an sich zu arbeiten; dass sie Bausteine sind, aus denen ein Transformator zusammengesetzt werden kann, der künftige destruktive Strömungen »umpolt«.

Den »Strom« – um im Bild zu bleiben –, die Lebensenergie ziehe ich besonders intensiv aus der Tagesauswertung. Ich betrachte sie als ein Geschenk Gottes, als eine Kette von Chancen. So lasse ich den Tag an mir vorüberziehen und betrachte besonders die Situationen, in denen ich anderen Menschen begegnet bin: meiner Frau und den Kindern beim Frühstück, den Kollegen im Büro, meinen Gesprächspartnern am Telefon, in der Mittagspause, in der Tiefgarage, beim Abendessen.

Es hat noch keine Tagesauswertung gegeben, bei der ich nicht allen Grund zur tiefen Dankbarkeit gehabt hätte. Denn wenn ich genau hinschaue, dann hat sich an einem ganz normalen Arbeitstag auch dies ereignet: Meine Frau hat mich frühmorgens nicht bloß verabschiedet, sie hat mir – auch – nachgerufen: »Fahr vorsichtig«; der Kollege hat sich neben der Arbeit – auch – erkundigt, wie's mir geht. Das Telefon hat nicht nur dienstlich geklingelt, es hat mich – auch – ein Freund angerufen, einfach so. In der Mittagspause hat mir der Kantinenkoch nicht nur den Teller zugeschoben, er hat mir – auch – »noch einen schönen Tag« gewünscht. Auf dem Heimweg herrschte nicht bloß Stau, ein Autofahrer hat mir – auch – lächelnd die Vorfahrt gewährt.

An diesem ganz normalen Arbeitstag bin ich Menschen begegnet, die mir zugetan sind, mich mögen.

Ich will hier nichts schönfärben. Auch mein Alltag be-

steht aus viel Arbeit, Hektik, lauten Worten, manchmal auch harten, aus Verdruss auf Kollegen, Wut auf rücksichtslose Mitmenschen. Aber eben nicht nur. Seit ich – mal mehr, mal weniger regelmäßig – den Tag auswerte (mitunter verbringe ich damit auch die Mittagspause in einem Meditationsraum, der einer Kirche in der Nähe angegliedert ist), bin ich sensibler für das »auch«, für die scheinbaren Nebensächlichkeiten geworden. Über die Monate und Jahre beginnen sie langsam, sich in »Hauptsächlichkeiten« zu verwandeln und den Alltag zu durchtränken. Ich erfahre über die Begegnung mit anderen, dass Gott mich so gewollt hat, wie ich bin – mit all meinen positiven Seiten, aber auch all meinen Mängeln, Schwächen und Bedürftigkeiten. Und mit all meinem Suchen. Ich habe die Erfahrung machen dürfen, dass Gott mit mir ist, auch wenn ich ihn nicht spüre. Ja dass er gerade dann da ist, wenn ich ihn am meisten vermisse. In Phasen, in denen es mir schlecht geht, in denen ich den Eindruck habe, den Boden unter den Füßen zu verlieren. Dann spüre ich – oft spät –, wie er an mich appelliert: Schau hin! Schau noch genauer hin! Lass es zu! Kämpfe nicht dagegen an! Vertraue!
Einmal habe ich ganz bewusst erleben dürfen, dass, wenn ich mich fallen lasse, ich nicht ins Bodenlose stürze. Dass ganz unten Gott seine Hand aufhält, um mich aufzufangen:
Vor einigen Jahren hatte ich öfter den gleichen Traum: Ich stehe in meinem Gemüsegarten und schaue auf die Kante der steinernen Beeteinfassung. Da entdecke ich plötzlich einen Riss. Ich bücke mich und sehe entsetzt, dass der Erdboden gerade fünf Zentimeter dick ist. Darunter gähnt ein unendlicher Abgrund. Die Wurzeln meiner Pflanzen hängen mit ihren äußersten Fasern im

Nichts. Ein Glücksfall, dass dieser dünne Boden mich bisher getragen hat. Einmal fest aufgetreten und ich breche ein.
Vor einigen Wochen stand ich im Traum wieder einmal in meinem Garten und hob ein Loch aus, um einen Baum zu pflanzen. Diesmal war es eine Lust, im Garten zu graben; auch nach eineinhalb Metern Tiefe hörte die Humusschicht noch nicht auf.

Albert Herchenbach
62 Jahre, Vater von drei inzwischen erwachsenen Kindern, ist Journalist und seit zehn Jahren Chefredakteur der »stadtgottes«, des Magazins der Steyler Missionare

Literaturhinweise

[1] Haas, Adolf (Hrsg.): *Geistliche Übungen.* Herder, Freiburg, 1998

[2] Lambert, Willi: *Gebet der liebenden Aufmerksamkeit.* Paulinus, Trier, 8. Auflage 2007

[3] Aschenbrenner, George: *Consciousness Examen.* http://ignatianspirituality.com/ignatian-prayer/the-examen/consciousness-examen (abgerufen am 4. Januar 2012)

[4] Jungclaussen, Emmanuel (Hrsg.): *Aufrichtige Erzählungen eines russischen Pilgers.* Herder, Freiburg, 17. Aufl. 2010

[5] Karl Rahner, »Sei willkommen, Tag«, aus: Karl Rahner, Christliches Leben. Aufsätze - Betrachtungen – Predigten, bearbeitet von Herbert Vorgrimler. Sämtliche Werke Bd. 14 © Verlag Herder GmbH, Freiburg i. Br. 2006, S. 92f.

[6] Müller, Lutz: *Ignatius von Loyola begegnen.* Sankt Ulrich Verlag, Augsburg, 1. Auflage 2004 (www.sankt-ulrich-verlag.de)

In der Reihe **Ignatianische Impulse** sind bisher erschienen:

Band 1: Willi Lambert, **Das siebenfache Ja.** Exerzitien – ein Weg zum Leben
Band 2: Stefan Kiechle, **Sich entscheiden**
Band 3: Piet van Breemen, **Alt werden als geistlicher Weg**
Band 4: Heiner Geißler, **Glaube und Gerechtigkeit**
Band 5: Cordula und Ottmar Leidner, **Weil ich mit dir wachsen möchte.** Herausforderung Ehe
Band 6: Klaus Mertes, **Verantwortung lernen.** Schule im Geist der Exerzitien
Band 7: Karl Frielingsdorf, **Gottesbilder.** Wie sie krank machen – wie sie heilen
Band 8: Christian Troll, **Als Christ dem Islam begegnen**
Band 9: Bernd Hagenkord, **jugend@gott**
Band 10: Claudia Bausewein, **Sterbende begleiten**
Band 11: Willi Lambert, **Wovon die Liebe lebt.** Eucharistie und Lebenskultur
Band 12: Eckhard Frick, **Sich heilen lassen**
Band 13: Stefan Kiechle, **Macht ausüben**
Band 14: Franz Jalics, **Der kontemplative Weg**
Band 15: Ignatius von Loyola, **In allem – Gott**
Band 16: Gundikar Hock (Hg.), **Ergriffen vom Feuer**
Band 17: Michael Hainz, **Freundschaft mit Armen**
Band 18: Christian Herwartz, **Auf nackten Sohlen.** Exerzitien auf der Straße
Band 19: Albert Keller, **Sinn im Unsinn.** Worüber Jesuiten lachen
Band 20: Christoph Benke, **Sehnsucht nach Spiritualität**
Band 21: Alfred Delp, **Im Angesicht des Todes**
Band 22: Peter Balleis, **Leidenschaft für die Welt**
Band 23: Josef Maureder, **Mensch werden – erfüllt leben**
Band 24: Martin Maier, **Pedro Arrupe – Zeuge und Prophet**
Band 25: Jon Sobrino, **Der Preis der Gerechtigkeit**
Band 26: Piet van Breemen, **Im Geheimnis daheim.** Hilfen aus der Bibel
Band 27: Bernhard Waldmüller, **Gemeinsam entscheiden**
Band 28: Christian Rutishauser, **Christsein im Angesicht des Judentums**
Band 29: Thilo Esser/Meike Wagener-Esser, **Als Familie im Glauben wachsen**
Band 30: Elmar Mitterstieler, **Den verschwundenen Flüssen nachgehen.** Gedanken zur geistlichen Begleitung

Band 31: Felix Genn, **Es würde der Welt etwas fehlen.** Pastorale Impulse aus dem Geist der Exerzitien
Band 32: Hermann Kügler, **Versuchungen widerstehen?**
Band 33: Vitus Seibel (Hg.), **Was bedeutet Dir Jesus Christus?**
Band 34: Stefan Kiechle, **Spielend leben**
Band 35: Elke Rüegger-Haller, **Aufstehen und heilen.** Missbrauch und Exerzitien
Band 36: Eckhard Frick/Margret Fühles, **Schöpferisch im Spiel vor Gott.** Bibliodrama und Exerzitien
Band 37: Gabriela Grunden, **Wer glaubt, fragt**
Band 38: Hermann Kügler, **Scheitern**
Band 39: Klaus Mertes, **Widerspruch aus Loyalität**
Band 40: Ursula Dirmeier, **Nicht Furcht, sondern Liebe.** Geistliche Lebenskunst mit Mary Ward
Band 41: Christoph Benke, **Gott ist nicht kleinlich.** Über das christliche Maß
Band 42: Stefan Bauberger, **Der Weg zum Herzgrund.** Zen und die Spiritualität der Exerzitien
Band 43: Medard Kehl/Stephan Ch. Kessler, **Priesterlich werden – zwischen Banalität und Verklärung**
Band 44: Medard Kehl, **Mit der Kirche fühlen**
Band 45: Albert Keller, **Vom guten Handeln.** In Freiheit die Geister unterscheiden
Band 46: Klaus Mertes, **Sein Leben hingeben.** Suizid, Martyrium und der Tod Jesu
Band 47: Stefan Kiechle, **Warum leiden?**
Band 48: Anton Aigner, **Die Kunst des Leitens.** Erfahrungen – Einsichten – Hinweise
Band 49: Gundikar Hock (Hg.), **Freunde im Herrn.** Heilige und selige Jesuiten
Band 50: Willi Lambert (Hg.), **Von Ignatius inspiriert.** Erfahrungen und Zeugnisse
Band 51: Christian Herwartz, **Brennende Gegenwart.** Exerzitien auf der Straße
Band 52: Alex Lefrank, **In der Welt – nicht von der Welt**
Band 53: Hildegard Aepli, **Single – und wie?!** Erfülltes Leben mit unerfüllten Wünschen
Band 54: Hans-Dieter Mutschler, **Gemeinsam mehr von der Welt wissen.** Zum Verhältnis von Spiritualität und Naturwissenschaft
Band 55: Alfons Höfer, **Meine Worte suchen dich.** Gebete aus Not und Dank
Band 56: Hermann Kügler, **Streiten lernen.** Von der Rivalität zur Kooperation
Band 57: Cordula und Ottmar Leidner, **Ein hörendes Herz.** Jeden Tag Gottes Spuren finden